地名から読み解く日本列島

火田博文
text by Hirofumi Hida

彩図社

はじめに

自分の住所を改めてよく見てみる。県や市、町や村や集落の名前がそこには記されているけれど、ひとつひとつの由来はあまり知らない……という人が多いのではないだろうか。しかしどんな地名にだって、「どうしてその名前になったのか」という理由が必ずあるものだ。

例えば東京を代表する繁華街・**有楽町《ゆうらくちょう》**は、あの織田家にルーツがある。織田信長の実弟、織田長益《ながます》だ。彼は武将でありながら戦国時代を代表する茶人のひとりでもあり、また仏門に入って「織田有楽斎《うらくさい》」と名乗っていたことでも知られている。そんな有楽斎は、本能寺の変で兄・信長が討たれると豊臣秀吉に仕え、関ヶ原の戦いは徳川家康率いる東軍に加わり、巧みに乱世を生き延びてきた。

やがて有楽斎は太平の江戸時代に入ると、**江戸城の東南にある数寄屋橋御門《すきやばしごもん》のそばに屋敷を拝領した**のだ。そこからこのあたりが「有楽原《うらくがはら》」と呼ばれるようになったという。そして1872年（明治5年）には、**明治維新後に進められた東京の市街整備の中で「有楽町」**

と名づけられ、漢字の読み方も変わった。以降、東京の経済・文化の中心地のひとつとして発展を続けてきた。1957年（昭和32年）には、デパート「そごう」のオープンに合わせたコマーシャルソング、フランク永井の「有楽町で逢いましょう」が大ヒット……。

そんなことを考えながら歩けば、いつもと違った風景が見えてくるようにも思うのだ。

現在の日本には、膨大な地名があふれている。**そのひとつひとつに歴史があり、土地にまつわる物語がある。**先人たちの、私たちの祖先の気持ちが込められている。

本書はその中でも特徴的な場所を取り上げ、名前の由来を尋ねながら、日本各地を旅していくものだ。「面白地名」「難読地名」とされる場所にも、日本人が口から口へつないできた伝承があり、それをもとに地名が成り立っている。地名を知ることは、日本を知ることでもあるのだ。

なお本書をお読みいただくときはぜひ、スマホやパソコンをおともにしてみてほしい。現地の地図や写真を見ながら、まさに旅するように読み進めると、よりお楽しみいただけるのでは、と思う。

［2章］信仰から生まれた地名

［3章］戦乱の歴史から生まれた地名

［4章］伝承から生まれた地名

5章 慣習・制度から生まれた地名

〔6章〕思わず耳を疑う珍しい地名

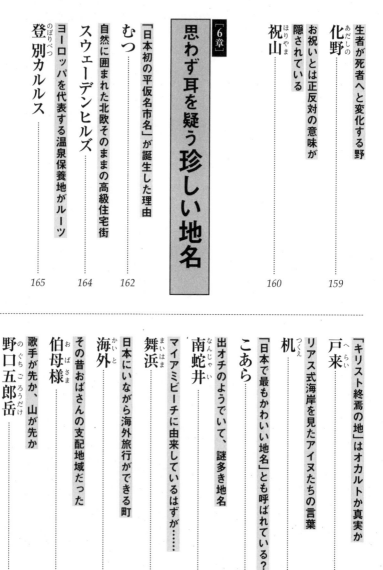

【7章】
地名にまつわる知的雑学

［1章］

地形から生まれた地名

001

【大阪】

放出《はなてん》

縄文時代にあった古代湖に由来

ＪＲ放出駅を出て、ぐるりと見渡してみる。三菱ＵＦＪ銀行・放出支店、セブンイレブン放出店、ローソン放出店……スーパーも不動産屋も居酒屋も、みんな「大放出」なのである。なんだか景気が良さそうだ。放出宝くじチャンスセンターなんてのもあって、いまにも当たるような気がしてくる。

大阪東部、鶴見区と城東区の間に広がる街**「放出」**。大阪らしい豪気な地名に見えるが、これで「はなてん」と読ませる、なかなかの難読地名なのである。

その由来は縄文時代にさかのぼる。７０００年ほど前のことだ。地球規模の海流の変化によって、気温が上昇していた時期があった。そのため北極圏の巨大な氷床が融けて、海面は上昇。日本列島も、沿岸部は現在よりはるかに海に浸食されていた。「縄文海進《じょうもんかいしん》」と呼ばれている現象だ。**このため大阪湾から海水が**

放出駅（2005年撮影）（©Mr. ちゅらさん）

内陸に流れ込み、湖を形成した。古代河内湖《かわちこ》である。

湖にはいくつもの河川が流れ込むようになり、一帯は沼沢地になっていく。**この水が集まり、淀川《よどがわ》へと合流していく地点を「はなてん」と呼んだのだ。**水が放ち出る場所であることから「はなちで」「はなちてん」などと呼ばれ、「はなてん」へと変化していったものらしい。漢字は後年になってから当てられたものだ。

弥生時代に入ると次第に河内湖は小さくなっていき、また干拓も進み、いまではすっかり埋め立てられた。しかしこのあたりが低地であることは昔から変わっていないし、放出の地名も残り続けている。

ほかに、神話由来の説もある。三種の神器のひとつ、草薙剣《くさなぎのつるぎ》を盗んだ新羅の僧侶がいたそうだ。彼が神罰を恐れて剣を「放り出した」場所が、ここなのだという。『日本書紀』にも記載があるほか、鶴見区の阿遅速雄《あちはやを》神社にも伝承が残っている。

大阪府放出にある阿遅速雄神社（©Kansai explorer）

002

【埼玉】

浦《うら》和《わ》

「海なし県」埼玉は、縄文時代は海だった？

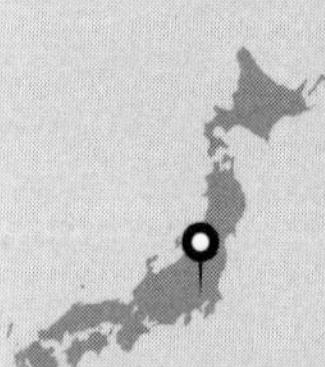

全国各地に「浦」のつく地名がある。「浦」とは、海や湖が陸地に入り込んだ湾、入り江などを表す言葉だ。だから当然、海岸沿いに目立つ地名なのだが、**「海なし県」埼玉にもある。**県庁所在地さいたま市の中心となっている、**浦和区**だ。海から30キロも内陸にある街に、なぜ「浦」がついているのか。

その理由は縄文時代にある。7000年ほど前、地球の温暖化の影響で海面が上昇していた時代があったのだ。「縄文海進」という現象だ。日本列島も、いまよりずっと沿岸部が海に削られ、形がずいぶん違っていたのだ。

とくに関東地方は大半が海となっており、いまの埼玉県東部や南部まで広がっていた。**浦和は遠い昔、海を望む土地だったのだ。**その証拠に、浦和周辺では貝塚の遺跡も出土している。その頃の記憶をいまに伝える、非常に古い地名なのである。

さいたま市岩槻区の真福寺貝塚（© 京浜にけ）

003

【埼玉】

垳《がけ》

日本でただひとつの超レア地名

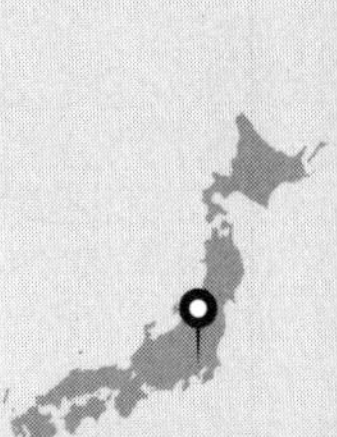

埼玉県南東部に位置する八潮《やしお》市には**「垳《がけ》」**という地区がある。この字、取り立てて変わったようにも見えないのだが、実は非常に珍しい。**日本でもこの地域だけでしか使われていない**のだ。「垳」は、中川とその支流である垳川に沿って広がっているのだが、このあたりは周囲に比べると海抜が低い。そのため川によって多量の土砂が流れこんでくる土地だったようだ。これを表現するために「土が行く」という字を、わざわざつくったのだという。江戸時代のことだ。漢字が生まれた中国にもない、**日本独特の「国字」**なのである。それも日本でただひとつ、この地名でしか使われていない漢字なのだが、２０１１年に消滅の危機を迎える。区画整理に伴い古い地名を一新しようという動きが起きたのだ。これに対して市民グループが「歴史を伝える貴重な地名を守ろう」と運動を展開し、いまも続けている。

八潮市垳地区にある垳稲荷神社（©Ebiebi2）

004

【長野】

軽《かる》井《い》沢《ざわ》

日本屈指の別荘地も、地名の由来は諸説紛々

軽井沢が高原リゾートとして栄えたのは、なんともおしゃれな響きの地名もあってのことだろう。

どうして軽井沢と呼ばれるようになったのか、その由来には諸説ある。民俗学者の柳田國男《やなぎたくにお》は、険しい地形に着目した。急な峠が続き、馬が通ることができないのだ。だから旅人はここで馬の背から荷物を解き、自分で背負って山越えをしなくてはならなかったという。**「背負う」は古い言葉では「かるう」といった。**そこから軽井沢へと変わっていったのではないか。柳田はそう考えた。

山岳地帯そのものに由来するという説もいろいろある。軽井沢は標高およそ1000メートルに位置するため冬の寒さが厳しく、札幌並みに冷え込む。そのため川も凍りついて**「凍り沢」**

上空から撮影された浅間山。軽井沢のすぐそばにあり、今も噴火をおこす活火山だ（©BehBeh）

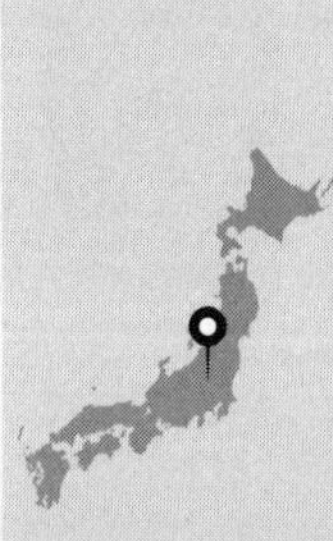

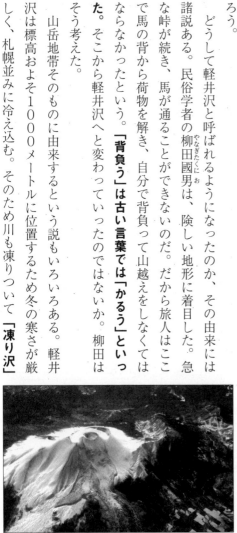

となってしまうことから名づけられたという話。

軽井沢のすぐそばには浅間山がそびえているが、いまもたびたび噴火を起こす活火山だ。ひとたび火を噴けば、溶岩が流れ、ふもとの街には火山灰が舞い積もる。溶岩が冷えて固まった軽石もたくさん飛んできた。**この軽石がたくさんあることから「軽石沢」となり、軽井沢に転じた、ともいわれる。**実際、軽井沢の地層を調べると火山灰と軽石が堆積している部分があるという。１７８３年（天明３年）には大噴火を起こし、天明の大飢饉の原因となったが、このときも大量の軽石が軽井沢には降り注いでいる。

また火山活動のためか、ひんぱんに川が涸《か》れた場所だったともいう。その**「涸れ沢」**を由来とする説。

さまざまな意見があるのだが、**その読み方はずっと「かるいさわ」だった**らしい。それが明治以降に欧米人が入ってきてから変わっていく。軽井沢を避暑地として好み、別荘を建てた彼らにとっては「かるいざわ」のほうが発音しやすかったようだ。以降、濁音の「ざ」が定着し、いまに至っている。

軽井沢を避暑地として気に入っていたという、カナダ人宣教師のアレクサンダー・クロフト・ショー。1885年頃から軽井沢に入り、以降、外国人の間でも人気になったという

005

【高知】

四《し》万《まん》十《と》川《がわ》

「日本最後の清流」はテレビ番組を機に名前が変わった?

高知県西部を流れる四万十川は、「渡川《わたりがわ》」とも呼ばれてきた。四国で最も長い川だけに、地域によって呼び名が混在していたようだが、河川法上では「渡川」のほうが採用されていた。

ところが1983年(昭和58年)、**NHK特集の中で「日本最後の清流、四万十川」として紹介されると、全国的に有名になる。**これがきっかけとなり、1994年(平成6年)に「四万十川」へと改称された。一級河川の名前が変更されるのは初めてのことだったという。

その「四万十」の由来には諸説ある。かつて流域にあった四万川村と十川村から名づけられたという話。「四万」は数が多いことを表すもので、たくさんの支流を持っているから、あるいは四万石もの大量の材木を10回流せるほど豊かな森が広がっているからともいわれる。アイヌ語の「シ・マムト」(非常に美しい)に由来するという説もある。

四万十川を渡す佐田沈下橋(© 四万十人)

006

【高知】

半《は》家《げ》

ハゲたガケか、マケた武家か

「半家」は四万十川流域の珍地名として有名だが、「はげ」は地形を表す代表的な言葉でもある。**地面が「はがれる」「はげる」ことを意味している。つまり崖だ。**確かにこのあたりは四万十川の左右に崖が連なり、険しい山地が続く。大雨が降れば斜面が「はがれ落ちる」こともあるだろう。災害にちなんだ地名なのである。

異説もある。１１８０～１１８５年（治承４～元暦２年）にわたって繰り広げられた治承《じしょう》・寿永《じゅえい》の乱、いわゆる源平合戦に敗れた平家の人間たちが逃げてきた場所だというのだ。彼らは追われる身である。だから身分を隠さねばならない。**そこで「平家」の「平」の、いちばん上の横棒を、下にずらしてみた。「半」という字になるではないか。**こうして半家の里ができて、平家の落人が隠れ住むようになったという。

ちなみにＪＲ予土線の「半家駅」もあり、この駅名標の前でハゲの人が写真を撮るのは定番だ。さらにＪＲ北海道・留萌《るもい》本線の「増毛《ましけ》駅」と合わせて訪れる自虐ネタも人気だったが、残念ながら増毛駅は２０１６年（平成28年）に廃駅となってしまった。

007

【新潟】

親不知《おやしらず》・子不知《こしらず》

親子の絆も忘れて、人々は必死に走った

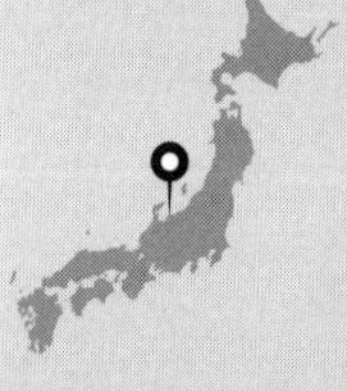

荒々しい山塊が、そのまま海になだれ込む断崖絶壁。とうてい人が通る場所には見えない。それでも、かつて北陸道を行く旅人はここを通るほかなかった。**越後（現新潟県）から越前（現富山県）へと行き来できる、ただひとつのルートだったのである。**

だから人々は、険しい岩場を踏み、頼りない山道に震え、荒れ狂う波におびえながら、必死にこの難所を越えようとした。

中には、絶え間なく大波が打ち寄せる危険極まりない場所もあったという。波が引く一瞬のすきを見て、一気に走り抜けなければならない。そうしないと波に呑まれてしまうのだ。親は子を気遣うこともできなかった。子

親不知の天険断崖（©textex）

供も親を頼れずにただ駆けた。**親と子が互いを忘れてしまうほどの危険地帯……だからここは、いつしか「親不知・子不知」と呼ばれるようになった。**

かの平清盛の弟、平頼盛《よりもり》の妻も、この難所で悲劇に見舞われている。夫のいる越後を目指して、京都から子連れで旅をしていたところだったという。あまりの波の激しさに、彼女は抱いていた２歳の愛児を取り落としてしまうのだ。子供は波にさらわれ、海に消えてしまった。悲しみに暮れた妻は、

「親不知　子はこの浦の波枕　越路の磯の　泡と消え行く」

と詠んだ。親不知の地名は、この句がもとになっているという説もある。

いまではすっかり観光地だ。鉄道は北陸新幹線と日本海ひすいライン、道路は北陸自動車道と国道８号が通り、もう行き来に困ることはない。ウォーキングロードも整備され、断崖が連なる景色を楽しめる。荒波が砕ける海岸線に近づくこともできるので、昔の人たちがどれほど苦労してここを通ったのか、想像することもできるだろう。

「親不知」を描いた浮世絵「歌川広重『六十余州名所図会　越後　親しらず』／1853年）

008

【徳島】

大歩危《おおぼけ》・小歩危《こぼけ》

有名な景勝地だが その本当の意味とは？

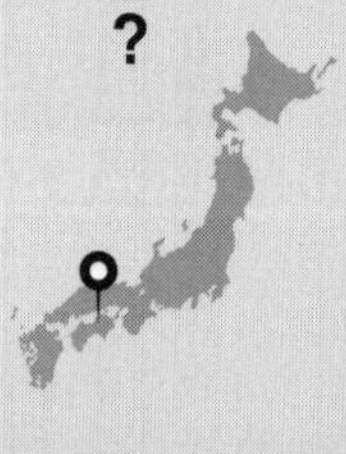

四国を横断するように流れる吉野川の、上流は深い山中にある。ところどころで見事な渓谷をつくっているが、とくに美しいと言われている場所が「大歩危《おおぼけ》・小歩危《こぼけ》」だろう。およそ8キロに渡って切り立った崖が連なり、その谷間を吉野川が流れていく。夏の緑、秋の紅葉と、山肌は四季折々に色合いを変え、景観を楽しむ観光客も多い。

吉野川をゆく遊覧船に乗っているぶんにはのどかなものだが、自分の足でこの渓谷を歩こうと思ったらかなり危険だろう。大股で歩いても小股で歩いても危ない場所だから、「大歩危・小歩危」と呼ばれるようになった……とも語られるが、**これは単なるダジャレらしい。**

大歩危峡（© 京浜にけ）

「ぼけ」とは本来、崖を指す言葉なのである。日本では漢字が入ってくるずっと前から使われており、とくに四国や九州に多い。「ほき」「ほけ」「ほっけ」などとも呼ばれ、各地に地名として残っている。**山肌や地面が「かける」「はげる」といった言葉から変化していったものらしい。**

これらに漢字があてられていったわけだが、**「ぼけ」は「崩壊」と書くこともあったようだ。「大崩壊《おおぼけ》・小崩壊《こぼけ》」とも表記するのである。**実際、このあたりでは地滑りや土砂崩れが多発してきた。現在の漢字になったのは明治に入ってからのことだ。

いまでも大雨が降ると土砂災害の危険があるため、大歩危・小歩危に沿って走る国道32号が通行止めになることがある。ユニークに聞こえるが、人々に危険を伝える地名なのだ。

小歩危峡（©As6022014）

009

【鹿児島】

桜島《さくらじま》

美しい地名に見えて、荒々しい噴火そのものを表している

その昔は鹿児島湾に浮かぶ火山島だった。しかし１９１４年（大正３年）、噴火で流れ出した溶岩によって大隅《おおすみ》半島とつながり、「島」なのに陸地の一部となった……そんないきさつでも知られる桜島だが、ではなぜ「桜」なのだろう。桜の名所というわけではないのだ。

これもまた、**災害を表した地名**だという説がある。「さくら」は花の名ではなく、**「割く」「裂く」という動詞から来た言葉というのだ。**もちろん、大地が裂け、噴火口が割れて、火を噴く火山から取られたものだ。

また**崖や崩落地を指した「くら」という言葉**がもとになっているともいわれる。やはり地殻変動を連想させる。

こうした言葉に「桜」というイメージのいい漢字を当てて、災害の歴史を一新しようとしたのだろうか。しかし桜島はいまもたびたび噴火を起こし、火口は裂けて、山肌の崩落も起こっている。

鹿児島・仙巌園から見た桜島

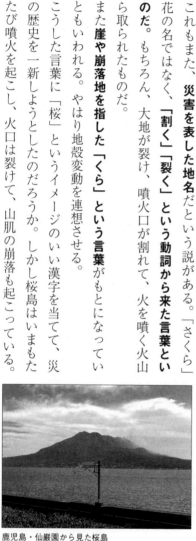

010

【兵庫】

灘《なだ》

海を表す「灘」が、陸の地名になっているのはなぜか

「灘」とは海につけられる名称だ。潮目が早く、荒れた海域のことをおもに表す。玄界灘、日向灘などがあり、航海の難所となっていることで知られる。

ところが、兵庫県には陸地に「灘」があるのだ。神戸市の東部、**灘区と東灘区**だ。もともとこのあたりから、さらに東の西宮市にかけては「灘《なだ》五郷《ごごう》」と呼ばれる地域だった。５つの「郷（村落の集合体）」からなり、酒づくりでも有名だ。

こちらの灘は、**「撫でる」**という言葉に由来するという説がある。**大地が大きな力で撫でられたように、削られてしまうことを表す。**つまり**地滑りや崖崩れ**だ。その「撫でる」が「ナダ」に転化し、「灘」の漢字が当てられたと考えられている。

歴史的に土砂災害の多い土地だということを示しているわけだが、実際に１９９５年（平成７年）に起きた阪神・淡路大震災では、灘区と東灘区は大きな被害を受けた。過去に何度も起きたそんな災害の記憶が、この地名にも刻まれているのだろうか。

011

【宮城】

名《な》取《とり》

東日本大震災の被災地に残された「災害地名」の数々

3月11日。あの日、誰もが息を飲んで釘づけになったのは、NHKがヘリから生中継した津波の映像だ。荒れ狂う濁流は名取川を逆流し、周囲の田畑や街を飲み込み、多くの命を奪った。

その「名取」とは、日本の古い言葉に由来しているという。**「ナ」とは土地のこと。そして「トリ」は「洪水や津波によって削り取られた状態」を示している。**激しい水害が起きた場所だというのだ。

実際、この地は何度も津波の被害に遭っている。平安時代の869年（貞観11年）には貞観《じょうがん》地震《じしん》が発生、巨大津波も巻き起こり、やはり名取川流域に大きな被害をもたらした。三陸沖は津波を伴う地震の巣なのだ。

震災前の名取川河口（2007 年撮影）（©BehBeh）

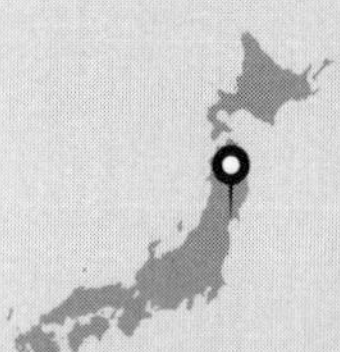

だから先人は、注意の意味を込めてナ・トリという地名をつけたのではないか……とも考えられている。

その名取川の河口には、**閖上**《ゆりあげ》という町がある。これは**「津波によって揺り上げられた土地」**が語源だという説がある。東日本大震災では壊滅的な被害を受けている。

また、やはり大きく被災した南三陸町には、海から3キロも内陸に入ったところに「大船沢《おおぶねざわ》」という地名がある。これは過去、津波によって船が運ばれてきたことがもとになっているという。同じ南三陸には「波《は》伝谷《でんや》」という集落もあるが、これも津波の様子を表している。**こうした津波由来の地名は、宮城県に60以上も残されている。**

日本は、自然豊かなぶんだけ、天災もまた多い。各地にこうした「災害地名」があり、人々に警告を与えている。

右ページに同じく、震災前の閖上浜（2007年撮影）。写真奥のほうに名取川が流れる（©Hideyuki KAMON）

012

【神奈川】

震《しん》生《せい》湖《こ》

関東大震災がつくった新しい湖

小田急線・秦野《はだの》駅のまわりに広がる市街地を抜けて、２キロほど南に進めば、緑豊かな山林が広がる。大磯丘陵だ。なだらかな坂を上り、見晴らしのいい高台から山に分け入っていくと、小さな湖が見つかるだろう。東西の幅は３００メートルほどだろうか。南北は70メートル程度で、横に細長い。ヘラブナやバスを狙う釣り人や、ハイキングの家族連れをちらほら見かけるのどかな湖なのだが、実は**あの関東大震災によって生まれたのだ。**

関東地方一帯を激震が襲った１９２３年（大正12年）９月１日。大磯丘陵では２００メートルに渡って山塊が崩れ、その土砂は市《いち》木沢《ぎさわ》という小川をせき止めた。**やがてあふれた水が窪地にたまっていき、湖となったのだ。**その様子を見た地域の人々が「震生湖」と名づけたという。誕生してまだ１００年ほどの新しい湖だが、地球のエネルギーの大きさを感じさせる。

震生湖

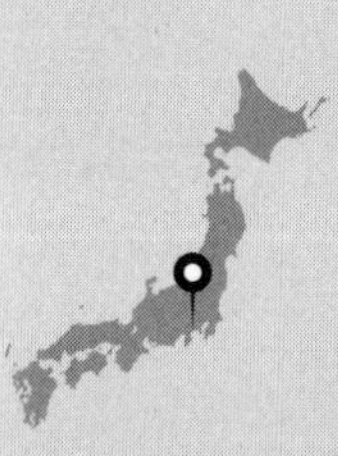

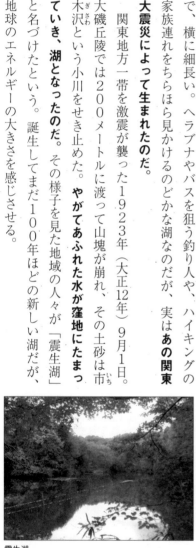

013

【和歌山】

魚《うお》の首《くび》

南海トラフ巨大地震への警告？

ＪＲ那智駅から、那智川に沿って、和歌山県道46号線を北上していく。もう紀伊山地の入り口だ。緑が濃い。山の切れ目にささやかな集落が点在する。そんな一角、市野々《いちのの》地区にはふしぎな地名が残されている。「魚の首」だ。

那智川の魚ではない。海の魚のことなのだ。**その昔、津波によって太平洋から魚が運ばれてきたという言い伝えがある。**山の木々に魚の首が引っかかっていたことからつけられた地名なのだという。

この場所から海までは、直線距離でも３キロ以上ある。その距離を、しかも山地を駆けあがってきた大津波……**これは宝永地震（１７０７年）による津波ではないか、という説がある。**「江戸時代の南海トラフ地震」とも呼ばれる大災害で、大きな被害が発生した。南海トラフ海域は90～１５０年周期で大地震が起きると考えられているが「魚の首」はそのことを警告しているのかもしれない。

「魚の首」がある場所まで、海岸から 3km 以上ある

014

【徳島】

喜来《きらい》、帰来《きらい》

川沿いや山中に「キライ」が点在するわけは

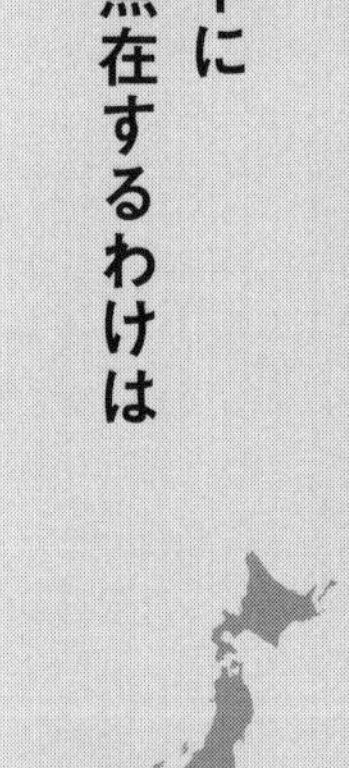

徳島県の各地に、30か所以上も「きらい」がある。これは徳島県民の好き嫌いが激しいというわけではなく、**「川の切れ合い」**に由来すると考えられている。「きらい」は吉野川の流域や、その支流が流れる山岳地帯に集中しているのだ。

川が氾濫して決壊することを「切れる」とも表現するが、切れてあふれ出た流れが、また川へと合流していくような場所。そこを「切れ合い」と呼んだのだ。これが「きらい」に変化し、より良い意味を持つ「喜来（喜んで来る、喜びが来る）」「帰来（人が帰って来る）」といった漢字を当てて、いまに至っているという。河川による水害がいかに多かったかを表しているようだ。

そんな徳島の旧名は「阿波」だが、これもやはり災害地名だという説がある。もとの言葉は**「あば」で、剥げる、崩れるという意味**だ。もちろん地面が崩壊することを指す。漢字では「褫」を当てた。「あば」は「阿波」のほか「あべ」「あぶ」などの地名にも転化していったといわれる。

徳島県のこうした災害地名の多さを考えたときに浮かび上がってくるのが、**中央構造線**だろう。**関東地方から九州まで大横断している巨大断層で、古代の地殻変動によって形成されたもの**だ。過去に何度も大地震を引き起こしてきた。

徳島県ではこの中央構造線が、吉野川に沿うように東西に走っている。「あば」も「きらい」も、この断層がたびたび動いたことから名づけられた地名なのだろうか。徳島県では南海トラフ地震と同様に、中央構造線を震源とする地震にも警戒を強めている。

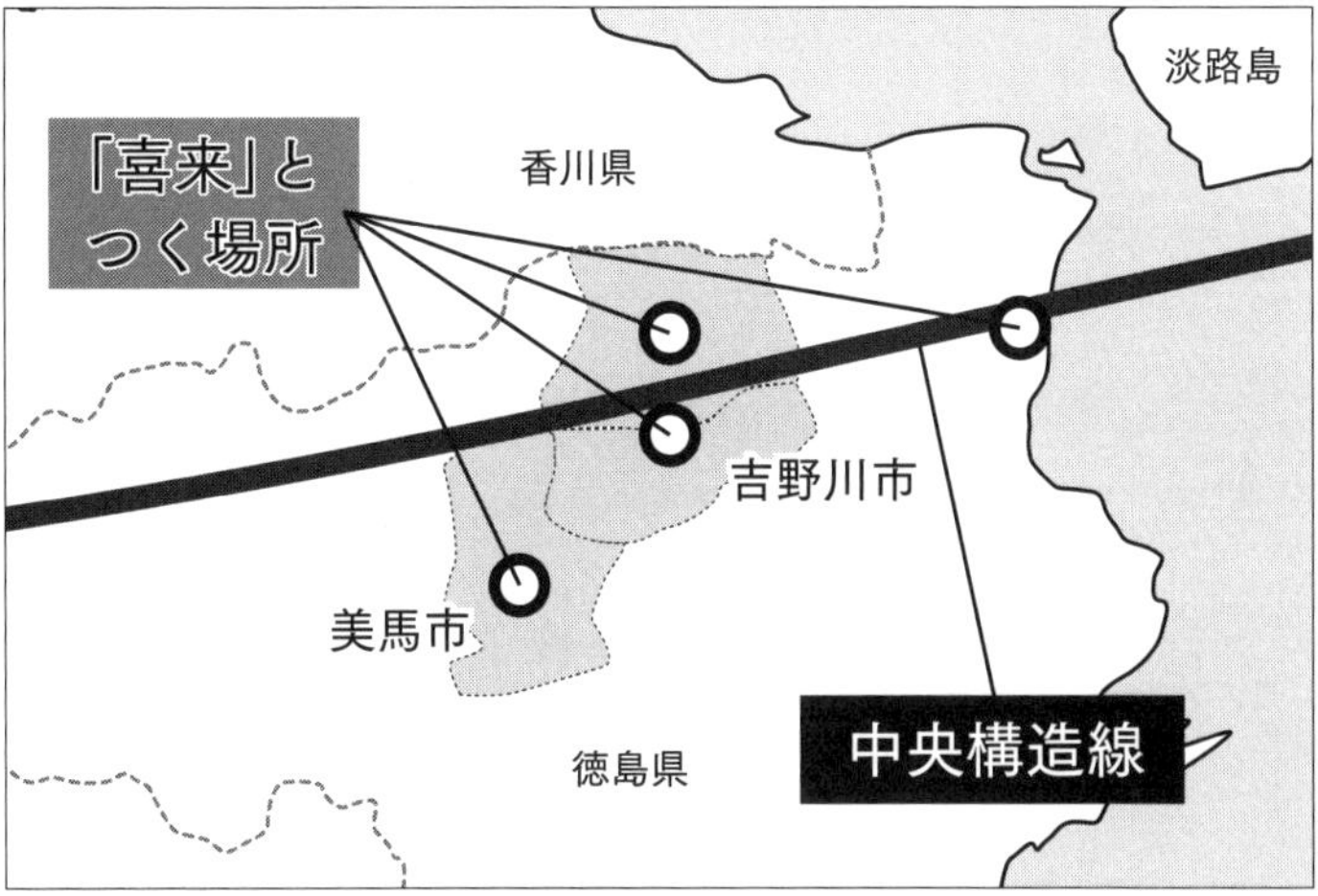

中央構造線と徳島県内の「きらい」の位置関係

015

【熊本など】

阿蘇山《あそさん》、小豆島《しょうどしま》、飛鳥《あすか》

3つの地名に共通する「あず」とは？

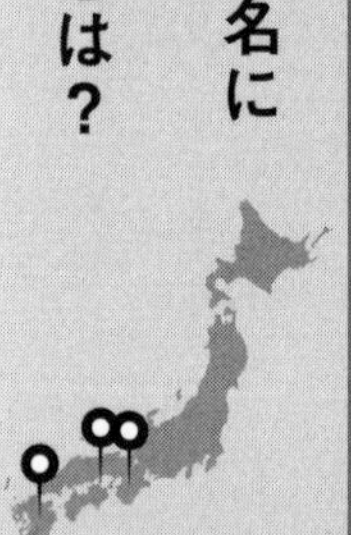

日本の古い言葉のひとつに「あず」がある。**崖、崩れやすい場所、傾斜地などを指した。**「崩岸」という漢字を当てることもある。この「あず」に由来する地名が、実は非常に多いのだ。

たとえば**阿蘇山**《あそさん》である。これまでに何度も大噴火を起こしてきた活火山だ。9万年前の巨大噴火のときには、北海道や朝鮮半島まで火山灰が降り積もったと言われる。**その阿蘇山の火口を取り巻くように、巨大な外輪山がそびえ、荒々しく険しい崖が続いている。**この地形が「あず」の一種であり、そこから「阿蘇」へと派生したのだという。

瀬戸内海に浮かぶ**小豆島**《しょうどしま》も同様だ。「小豆がよく採れ

阿蘇山中岳火口（©Igorberger）

るから島の名前になったのでは？」と誤解する人もいるが、この島の特産はオリーブだ。過去にも小豆が代表的な産物だったことはない。やはり崩落地名「あず」が島名のルーツといわれる。

その「あず」が転化して「あずきしま」と呼ばれるようになり、「小豆島」の漢字が当てられた。だが室町時代のあたりで「しょうどしま」と音読みに変わったらしい。

古代日本の中心地だった**飛鳥**《あすか》も、「あず」が変化したものという説がある。この地域をいまも流れる飛鳥川が、その昔はよく氾濫したようなのだ。川岸が崩れたり、田畑を飲み込むような被害も多かったことだろう。そうやって川沿いにできた「あず」がもとになって、飛鳥川も、飛鳥という地名もできたのではないか……。

聖徳太子が活躍し仏教文化が花開いた飛鳥時代が興ったその土地も、常に災害に悩まされ続けてきたのだ。

奈良の飛鳥川（© アラツク）

香川・小豆島の寒霞渓（©663highland）

016

【全国】

蛇喰《じゃばみ》、蛇抜《じゃぬけ》、蛇崩《じゃくずれ》など

氾濫する川や土石流を日本人は「蛇」と呼んだ

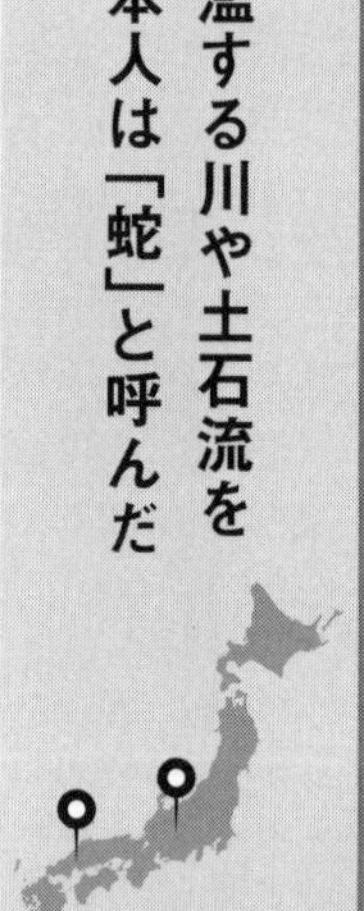

日本は国土のおよそ7割が山地だという。しかも狭い島国なので、平野部が少ない。そのため日本の川は、山地の水源から一気に流れ下ってくるような、急流が多いのだ。

だから台風などで激しい雨が降ると、川は暴れた。あっという間に増水し、氾濫を起こし、流域の土砂を崩して、轟音とともに駆け下っていく。**その凄まじい濁流は、まるで荒れ狂う蛇のように見えたという。**

この蛇に襲われて、下流域にあるたくさんの村や町が大きな被害を受けてきた。日本全国各地で、川の氾濫や、洪水や土石流に悩まされてきたのだ。そんな場所に人々はよく「蛇」という地名をつけ、警戒してきた。**蛇喰（じゃばみ、じゃぐえ）**、**蛇抜（じゃぬけ）**、**蛇崩（じゃくずれ）**……こうした地名は、

長野県・渡島蛇抜沢砂防堰堤

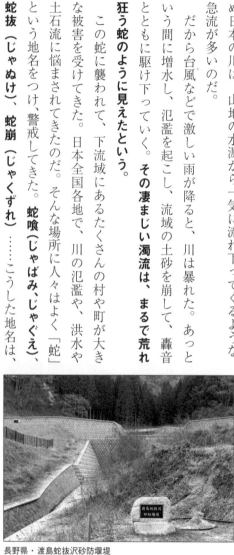

日本の至るところにある。

１８４４年（天保15年）には１００人以上もの死者を出すなど、たびたび水害に見舞われてきた長野県の木曽地方では、土石流のことそのものを「蛇抜」と呼ぶ。

また２０１４年（平成26年）に広島県を襲った土砂災害も77人が亡くなり、広大な範囲で崖崩れや家屋の崩壊が発生したが、最も被害が集中した八《や》木《ぎ》地区はかつて「蛇落《じゃらく》地《じ》悪谷《あしだに》」と呼ばれていたと報道され、大きな話題になった。

災害地名として日本各地に刻まれている「蛇」だが、一方で日本人は神としても崇めてきた。雨をもたらし、田畑を潤して、農作物を荒らすネズミを捕る、豊穣の神だとも考えられてきたのだ。脱皮する様子は、死からの再生や生命力そのものだ。**蛇は荒々しくもあり、恵みをもたらしてもくれる、日本の大自然の象徴なのかもしれない。**

2014年の土砂災害で甚大な被害を受けた広島・八木地区。この地には蛇にまつわる伝説も伝わっていた（画像引用：国土地理院）

017

【北海道】

富《ふ》良《ら》野《の》

火山から流れ出る激しい硫黄臭の地

テレビドラマ『北の国から』の舞台でもあり、美しいラベンダー畑が広がる観光地でもある富良野。その地名の響きもなんだかロマンチックなのだが、実は荒々しい大自然がもととなっている。富良野市の北にそびえる活火山、**十勝岳**だ。**縄文時代から繰り返されてきた火山活動のため、山から流れ出る富良野川は硫黄の匂いが含まれる**。その様子をアイヌの人々は**「フラーヌイ（匂いを持つ場所）」**と呼んだ。後年、これに漢字を当てて、富良野としたのだ。

そんな富良野の南部、東山地区には、ひらがな名の集落が点在している。からまつ、くろまつ、かえで、さくら、あやめ……すべて木々や花の名前だ。この地域に自生している植物ではない。これらは昭和初期に東山地区を開拓した入植者たちが名づけたのだ。豊かな土地になるよう、自然の恵みある農村に育つようにと、願いを込めたのだそうだ。北海道にはこうした開拓者由来の地名もまた多い。

望岳台から望む十勝岳

018

【群馬】

草津《くさつ》

地名になるほど臭い温泉？

日本を代表する名湯・草津温泉。その中心には湯畑という源泉があり、常にもうもうと湯煙を立ち上らせている。何より印象的なのは温泉街に漂う強烈な硫黄臭だろう。

草津温泉のもとになっているのは、すぐそばにそびえる白根山《しらねさん》だ。**この活火山のマグマによって温められた雨水が、年月をかけて地中の成分と混じりあい、温泉として湧きだしてくる。**その特徴は硫化水素が多く含まれること。このためさまざまな効能があるわけだが、独特の硫黄臭も非常に濃い。

古代人にとっても、やっぱり臭かったのだろう。だからこの地を**「くそうず」「くさみず」などと呼んだ**そうだ。もちろん「臭い水」という意味だ。これに「草生津」「九相津」「久佐津」といった漢字を当てていたこともあったが、江戸時代には「草津」という地名が定着した。以降は人気の温泉街として賑わいを見せている。

草津温泉の湯畑（©Mikkabie）

019

【北海道】

幸《こう》福《ふく》

昭和のカップルに大人気となった「幸福駅」のルーツとは

地平線までえんえんと畑が続く、十勝の大地。その雄大な景色の中に「幸福町」は広がっている。なんとも縁起のよさそうな地名だが、これは先住民であるアイヌの言葉がもとになっている。

彼らアイヌはこのあたりを**「サツナイ」**と呼んでいたらしい。「乾いた川」という意味だ。これは近くを流れる札内川のことを指しており、実際この川は夏と冬の一時期、砂礫《されき》層に水が浸透して水量が激減し、流れが消えてしまうことがある。

そんなサツナイの川が流れる土地に、明治時代になると本土から開拓者たちがやってくる。そして**「幸震」という漢字を当てた**のだ。「幸」は「サツ」の響きから。**ナイを「震」としたのは、十勝はたびたび大きな地震に見舞われたからだ。**日本の古い言葉では、地震のことを「なゐ（ない）」と表現するのだ。

こうして開拓の始まった「幸震」に、1897年（明治30年）頃になると、福井県からの入植者が増えてくる。故郷が水害に襲われ、復旧もままならず、北海道に新天地を求めてやってくるきたといわれている。彼らは遠いふるさとを思い、地名に手を加えた。**不吉な「震」の代わりに、福井の「福」を当て、読み方も「こうふく」と変えた。**こんな経緯をたどって、世にも珍しい「幸福」という名の町ができたのだ。

　1956年（昭和31年）には鉄道も開通して「幸福駅」も誕生したが、日本中から注目されるのは1973年（昭和48年）のこと。NHKの紀行番組「新日本紀行」で取り上げられ、「幸福駅の切符」を求める人々が殺到、一大ブームを巻き起こしたのだ。

　過疎化のため廃線となったいまも、往時のまま「幸福駅」は残され、幸せを求める観光客を静かに出迎えている。

「幸福駅」の駅舎。2013年に建て替えが行われたが、外壁は現在の駅舎に引き継がれている（©Captain76）

020

【青森】

馬《ば》鹿《か》川《がわ》

川なのに流れることがなく、ときに大暴れするやっかいもの

津軽半島西部に広がる汽水湖、十三湖《じゅうさんこ》に注ぐ岩木川の、そのまた分流である。きわめてローカルで小さな川なのだが、そのインパクトある名前で知られている。

もともとは岩木川の氾濫を防ぐために開削された放水路だったらしい。しかしここは、日本有数の広さを持つ津軽平野だった。**傾斜がほとんどなく、思うように流れない。ただ水を湛えるばかりで、放流効果がなかったのだ。**

しかも十三湖は強風によってしばしば高波が発生し、**河口に砂が溜まり、せきとめられて氾濫する。**その水が岩木川にも支流にも押し寄せる。すると逆流し、ときには人家に水が流れこみ、田畑を浸水させるのだ。こりゃあまともな川じゃない、馬鹿川だ……と名づけられたものらしい。

なんともかわいそうな感じもするが、明治時代に進んだ十三湖、岩木川の治水工事に合わせて整備され、すっかりおとなしくなった。しかし流れのないことは変わらず、津軽の大地にのったりと淀み続けている。

021

【秋田】

二十六木《とどろき》

とんちのような、パズルのような読ませ方

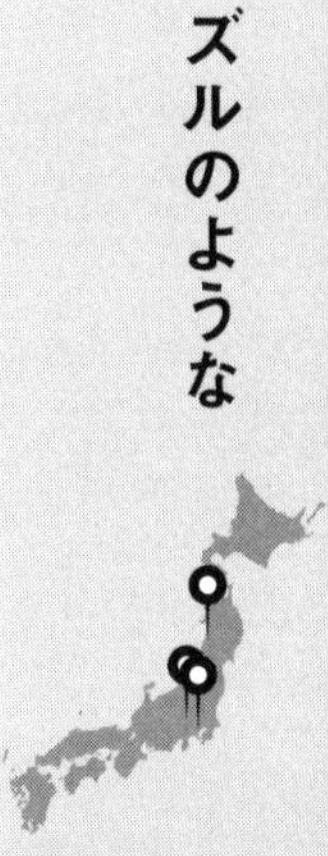

二十六木と書いて「とどろき」と読む。なかなかの難読地名なのである。秋田県南部、由利本荘市の東に位置する町の名前なのだが、ここに26本の木があったわけではない。

「二十六木」を分解してみよう。すると**「十《と》、十《ど》、六《ろ》、木《き》」**となる。二十をふたつの十にわけたのだ。**大きな音が鳴り響くことを意味する「とどろき＝轟」とかけた**のである。この土地の場合、なるほどすぐそばには秋田県第3の河川、子吉川《こよしがわ》が流れている。その川音を表したのだろうか。

埼玉県西部の山岳地帯、秩父市にも十々六木という地名がある。こちらは谷を流れる川や、滝の轟音から名づけられたという。東京の世田谷区にも、やはり等々力《とどろき》がある。23区でただ一か所、自然豊かな渓谷があることで知られ、不動の滝という滝もある。いまでこそ水量は少ないが、その昔は轟音を響かせており、地名のもとになったのだろう。**こうした「とどろき」地名は全国にある。**それだけ日本は、水に恵まれた国なのだ。

秋田県由利本荘市を流れる子吉川（© 掬茶）

022

【長野】

日曽利《ひっそり》

おかしな珍地名に見えるが、日本の山地の姿を表現した言葉

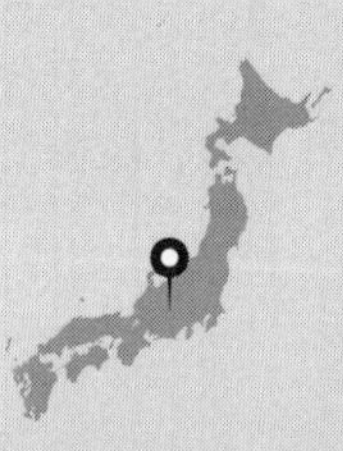

長野県南部、中央アルプスと南アルプスに囲まれた飯島町《いいじままち》。その中心部から東に向かい、天竜川を越えて深い山中に入ったあたりに、小さな集落がある。日曽利だ。「ひっそり」と読む。山の斜面に転々と家や畑が静かにたたずむ様子は、たしかにひっそりとしている。だから珍地名としてよく取り上げられるのだが、**実は典型的な「災害地名」ではないか、とも言われている。**

もとになっているのは「そる」という言葉だ。まっすぐなものが曲がるという意味の「反る」である。「のけ反る」「反りかえる」なんて派生もするが、**地名に使われる場合は土砂崩れや地滑りを表す。**土地が反っくり返ってしまうのだ。

この「そる」「そり」地名は、当てられた漢字こそ「反」「剃」「橇」そして「曽利」とさまざまだが、日本全国に分布している。国土の7割が山地という、日本ならではの地名ともいえる。

また「そる」は、**焼畑を表しているのではないか、という説もある。**焼畑とはアジアの山間部では太古から見られる農法だ。まず森を焼いて、灰を肥料として土と混ぜ、作物を育ててい

く。やがて土地の栄養が失われると、10年ほど放置して再び森になるのを待ち、その間は別の場所を焼いて畑をつくる……。耕作地の少ない山地で行われてきた伝統的農業だ。

　長い年月をかけて、ひとつの土地を畑と森とのサイクルで利用していく。その様子、転化していく大地の姿を「反る」と表現したのだろうか。焼畑は環境破壊という見方もあり、現在の日本ではわずかに続けられているだけだが、焼畑由来の「そり」地名は各地に残されている。

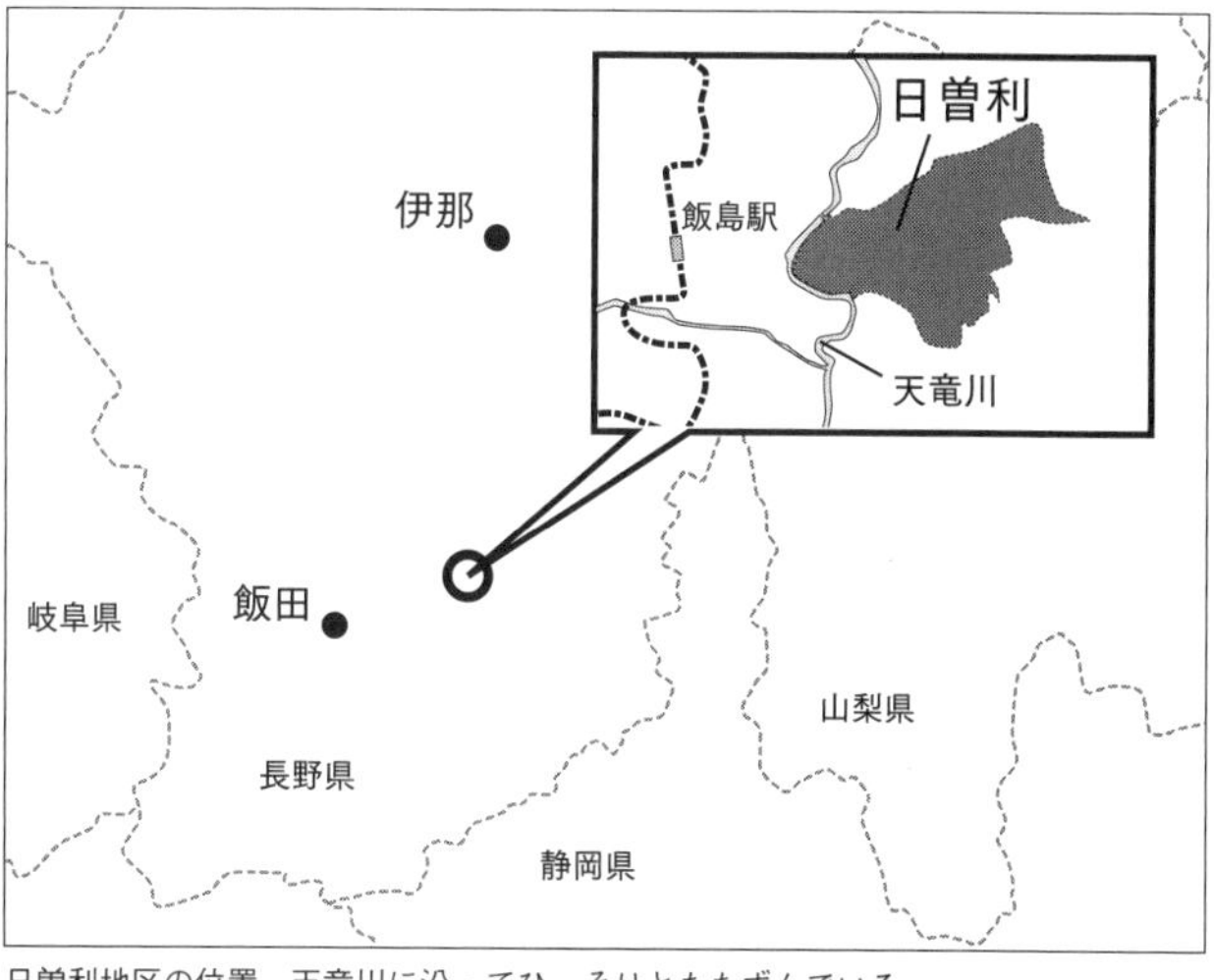

日曽利地区の位置。天竜川に沿ってひっそりとたたずんでいる

023

【静岡】

登《と》呂《ろ》

弥生遺跡のそばを、川がとろとろと流れる

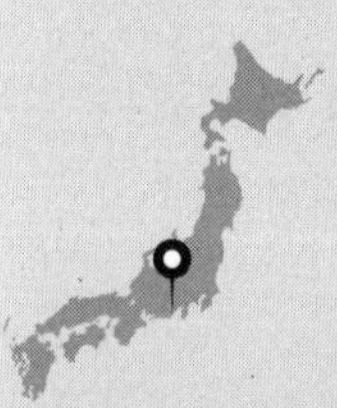

川の水が穏やかに、とろとろと流れている。だからこのあたりを「とろ」と呼ぼう……ダジャレのようだが、そんな理由から名づけられた地名が日本各地にある。

代表的なところが、**弥生時代の集落と水田の遺跡が残る登呂だ。**およそ2000年前、ここには大きな村があったらしい。そしていまも、すぐ西を安倍川が流れている。弥生人はこの川から水を引き、水田をつくり、稲作をして暮らしていたのだ。**川のほとりでは水がよどみ、水路を水がとろとろと流れていたことだろう。**文明は川のそばに育まれるというが、登呂もそんな恵みに満ちていたのだ。

ほかにも、埼玉県の長瀞《ながとろ》は荒川が渓谷をつくり、豊かに水を湛えている場所だ。同じく埼玉県さいたま市にある土呂《とろ》町は、かつてこのあたりに広がっていた見沼溜井《みぬまためい》という沼に由来するらしい。奈良県・三重県・和歌山県にまたがる瀞峡《どろきょう》も、やはり水よどむ渓谷で知られる。川の多い日本の風景を表した地名なのだ。

埼玉・長瀞渓谷（©Ocdp）

024

【東京】

亀有《かめあり》

「かめなし」が「かめあり」に変わった理由

　JR常磐線・亀有駅を出ると、あの両さんの像が出迎えてくれる。漫画『こちら葛飾区亀有公園前派出所』の主人公・両津勘吉巡査だ。この作品によって全国的に知られることになった下町だが、**その昔は「かめなし」という名だったらしい。**「亀梨」「亀無」などと漢字を当てたが、それは地形が由来だという。

　もともと東京東部は水郷だ。このあたりも川が入り組んでいたが、流れてくる砂や泥などが長い年月をかけて堆積し、島のように小高くなった一帯があった。**遠くから見ると、まるで亀の甲羅のようじゃないか。「亀」の背のような形を「なして」いる……**こうして「かめなし」と呼ばれるようになったのだとか。

　しかし、なにかと験を担ぎたがるのが日本人。「なし」ではどうにも縁起が悪いと、「あり」に改められたのが江戸初期、1644年（正保元年）のこと。この年、江戸幕府が「正保国《しょうほうくに》絵《え》図《ず》」という日本全図を制作するにあたり、この際だからと「亀有」に直されて、いまに至っているという。

025

【千葉・東京】

成田《なりた》と羽田《はねだ》

空港になる前の様子が地名の中に浮かび上がってくる

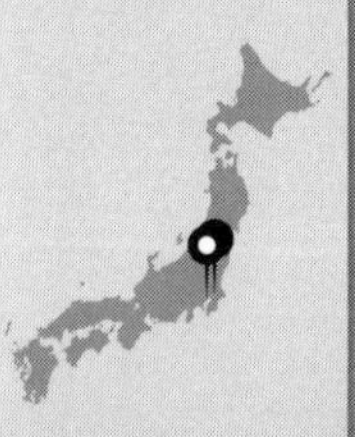

首都圏の玄関口である成田と羽田の2大空港は、どちらの地名も古代人の生活の姿がルーツになっている。

まず成田のほうだが、これは**「なりわいの田」**から来ているという。「なりわい」とは「生業」と書くが、生活をしていくための仕事、稼ぐ手段という意味だ。生業としての田畑が豊かな土地……そこを「成田」と呼んだのだ。

ほかにも、稲がよく育つ肥沃な土地であることから**「熟《な》れる田」が成田になったという説。**

昔から雷が多い水田地帯だったので**「鳴る田」**が成田に転じたという説もある。いずれにせよ古来、農業が盛んで豊かな土地だったことは確かなようだ。

こういう発想から名づけられた「成田」は、宮城県や福島県、茨城県など各地にある。いずれも農業で栄えた場所だ。千葉県北部の成田は、940年（天慶3年）に新勝寺《しんしょうじ》が創建されたことで有名になり、1978年（昭和53年）に成田国際空港が開港してからは世界的に知られた街となる。

一方、羽田空港の開港は１９３１年（昭和６年）と成田空港よりも早い。日本初の民間機専門空港としてオープンした羽田空港だが、その前は田畑が広がり、東京湾では海苔の養殖や漁業が行われていた。そんな時代、**海沿いの粘土質の低地である「埴《はに》」から羽田という名になったとも、開墾地を表す「墾田《はり》」が羽田に変わっていった**ともいわれる。海鳥が多く、羽が舞い散る場所だったからという話もあるようだ。

また、いまも羽田空港の西側を流れる海老取《えびとり》川《かわ》を中心に見立てると、左右に羽を広げたような形の土地だからともいわれる。地図で見ると確かに羽のように見えるのだ。

羽田空港開港前（明治40年代）の羽田運動場の様子（『異端の球譜：「プロ野球元年」の天勝野球団』サワズ出版／1992年）

026

【滋賀】

浮気《ふけ》

不貞行為とはまったく関係ありません

滋賀県南部、琵琶湖と野洲《やす》川に挟まれた守山市の一角に、なんとも気になる地名がある。「浮気町」だ。街を歩けば浮気郵便局、浮気自治会館に浮気配送センターなんてのが次々と現れ、交差点を見上げれば「浮気町南」の標識。なんといかがわしい街なのか……とたびたび話題にもなる地名なのだが、これは「うわき」と読むのではない。**「ふけ」**なのだ。

もともと、「ふけ」とは、**低い場所にある湿地や沼地を指す言葉だったらしい。**「泥が深い」「田が深い」の「ふかい」が語源だといわれる。なるほど浮気町の地形を見てみると、周囲よりもやや低い。その昔は野洲川が氾濫するとよく水が溜まったそうだ。いまも湧水や地下水が豊富で、街の各所を水路が巡り、ホタルを見ることもある。清流にしか棲《す》まないという魚、ハリヨが生息することでも知られる。水郷なのである。

そんな「ふけ」の地に、漢字が伝わってくると「浮気」の字が当てられた。もちろん人の情事とはいっさい関係がない。**「湿地や川から水蒸気が漂う様子」を表現したもの**なのだ。そう考えれば「浮気」というのはなかなか情緒ある地名にも思えてくる。

「ふけ」は低湿地を表す一般的な言葉だったため、日本中に広く分布している。例えば香川県の高松市には「福家」が、大阪府の泉南郡には「深日」が、秋田県の横手市には「婦気」がある。漢字の当て方が違うというだけで、いずれも読み方は「ふけ」だ。茨城県の取手市には「小浮気《こぶけ》」があるが、こちらも利根川と小貝川に挟まれた低湿地に位置している。

守山駅にある「浮気（ふけ）」の看板（©Kyoww）

027

【奈良】

斑鳩《いかるが》

聖徳太子ゆかりの地に棲む鳥とは？

太く黄色いくちばしと、ずんぐりした体形が印象的な鳥、イカル。涼やかなさえずりでも知られるが、現在の奈良県北西部にはこの鳥がたくさん棲む場所があったのだという。そのため**「イカルがいるところ」、つまり「イカル処《が》」と呼ばれていたそうだ。**

この「いかるが」に「斑鳩」という漢字が当てられた。だが、イカルは鳩《ハト》科の鳥ではなくスズメ科だ。どうしてこの漢字なのかはよくわかっていないのだが、この斑鳩を訪れたのが、あの聖徳太子だった。

彼は大空を舞うイカルの群れに天啓を感じたのか、ここに寺を建立することを決めたという。そして地名にあやかり「斑鳩寺」と名づける。この寺が後に、法隆寺と呼ばれるようになっていった。

以降、斑鳩は日本の仏教の中心地として栄えることになる。法隆寺はたくさんの人が訪れる世界遺産となった。その原点は、イカルの愛らしい鳴き声にあるのかもしれない。

法隆寺。「斑鳩寺」という別称がある（©663highland）

［2章］

信仰から生まれた地名

028

【三重】

伊《い》勢《せ》

日本神話にルーツがある非常に古い地名

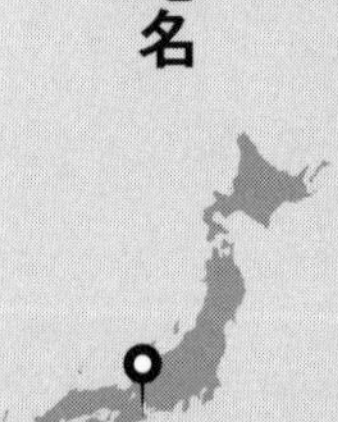

はるか遠い神話の時代、**伊《い》勢《せ》津《つ》彦《ひこ》**という神がいた。この神は初代天皇とされる神武《じんむ》天皇が東征したときに、住んでいる土地を渡すように要求されてしまう。そして神武天皇の指揮下にあった豪族・天日別命《あめのひわけのみこと》によって、国を追われることになる。そして**神武天皇はこの地を、もともと住んでいた神の名前から「伊勢」と名づけた……**そんな逸話が『伊勢国風土記』に残る。

やがて伊勢を安住の地と定めた天照大御神《あまてらすおおみかみ》によって、この地には宮が建てられたと『日本書紀』は伝えている。伊勢神宮だ。江戸時代にはお伊勢参りがさかんになり、庶民たちが「一生に一度は伊勢に」と夢見る場所にもなった。

こうしてたくさんの参拝客が集まれば、モノやマネーや情報が行きかう土地になる。すると商業が盛んになり、商才に長けた人々も出てくる。**彼らは伊勢だけに留まらず、日本各地に進出して商いをするようになる。**同郷同士のネットワークを駆使して地元特産の木綿や茶などを売り、財を成す商人たちも多かった。「伊勢商人」と呼ばれた彼らが住む地域は「伊勢町」「伊勢屋町」などと名づけられることもあったが、これはいまも日本各地に点在している。

また、伊勢神宮のご利益を自分たちの地域にも呼び込むことも、古くから行われていた。「勧請《かんじょう》」という。**伊勢神宮に祀られている天照大御神の霊を「分けて」もらい、その魂を祀る新しい神社を創建する**ことだ。神社のフランチャイズ化ともいえるかもしれないが、こうしてできた神社の近辺を、やはり「伊勢町」と呼ぶようになったところもある。佐賀市の伊勢町や、長崎市の伊勢町が代表的だ。

神話から始まった地名が、日本の各地に散らばり、定着していったのだ。

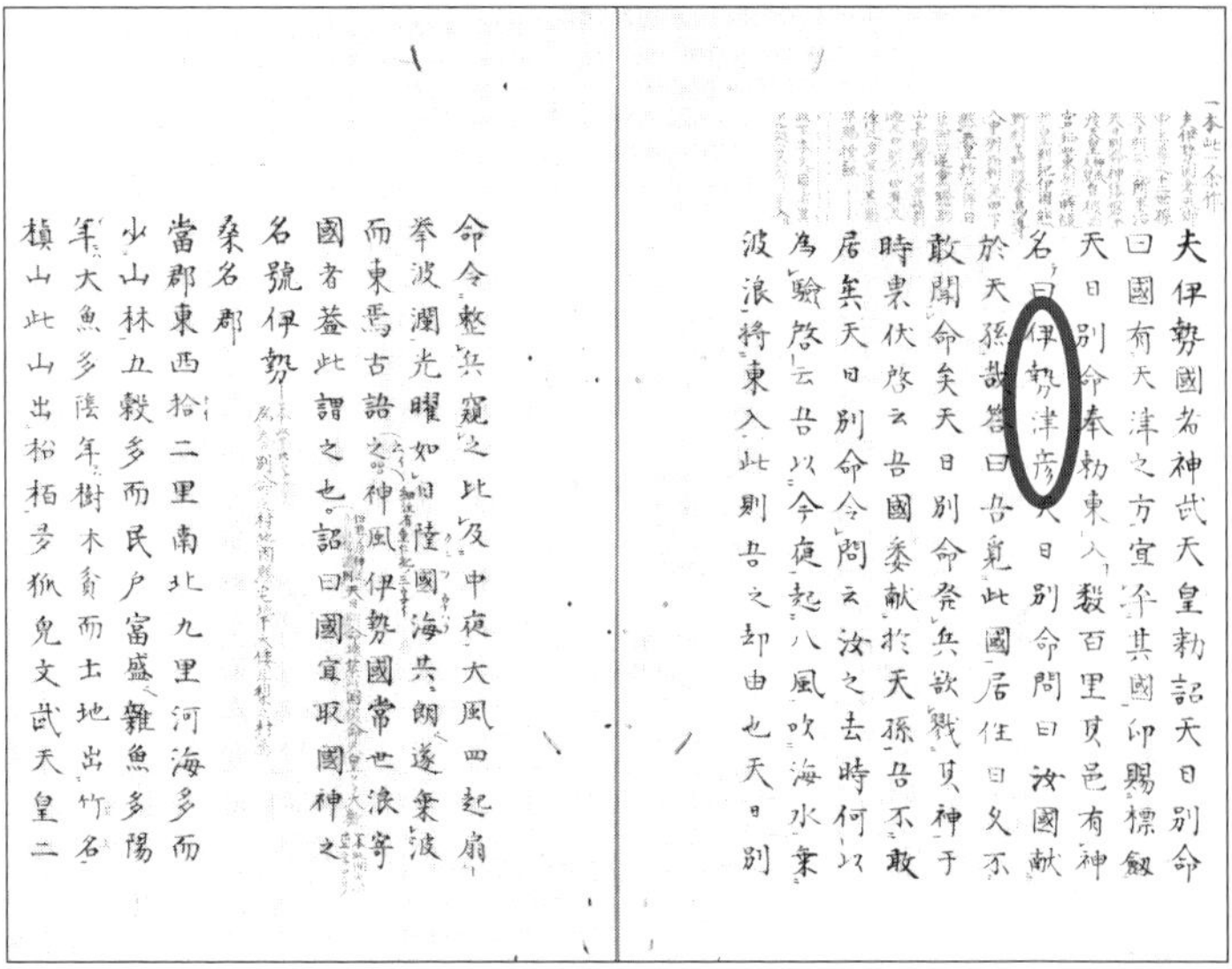
夫伊勢國者神武天皇勅詔天日別命
曰國有天津之方宜平其國卽賜標劔
天日別命奉勅東入數百里其邑有神
名曰伊勢津彦天日別命問曰汝國獻
於天孫哉答曰吾覓此國居住日久不
敢聞命矣天日別命発兵欲戮其神于
時畏伏啓云吾國悉獻於天孫吾不敢
居矣天日別命令問云汝之去時何以
為験啓云吾以今夜起八風吹海水乗
波浪將東入此則吾之却由也天日別
命令整兵窺之比及中夜大風四起扇
挙波瀾光曜如日陸國海共朗遂乗波
而東焉古語云神風伊勢國常世浪寄
國者蓋此謂之也詔曰國宜取國神之
名號伊勢
桑名郡
當郡東西拾二里南北九里河海多而
少山林五穀多而民戸富盛雜魚多陽
年大魚多陰年樹木貪而土地出竹名
槙山此山出松栢多狐兎文武天皇二

「伊勢国風土記」冒頭部分。右ページの丸で囲った部分に「伊勢津彦」の名前が見られる（『伊勢国風土記』写／国会図書館所蔵）

029

【三重】

度会《わたらい》

人の世界と神の世界を渡す橋

レストランや土産物屋がびっしりと並ぶ門前町の賑わいを抜けると、やがて大きな橋が見えてくる。宇治橋《うじばし》だ。鳥居をくぐり、檜でつくられた清廉なたたずまいの橋を歩く。その下を流れる清流は、五十鈴《いすず》川だ。この川を渡った向こうは神域、伊勢神宮なのである。**だから宇治橋は古来、俗界と神の領域とを分かつ境界線と考えられてきた。**そう思うと、令和の現代でも身が引き締まる。この橋を、川を渡って、神と対面するのだ。

そんな五十鈴川の西側に、「度会」という地名がある。三重県東部に広がる度会郡と、その中に位置する度会町だ。この名前は、**五十鈴川を「わたらう」ことに由来する**という。人の世界から、川を渡らい、神の住む地に入る。度会とはそういう土地なのだ。

かつては五十鈴川で身を清めてから神宮に参ったそうだ。いまもその名残か、川のほとりには御手洗場《みたらしば》が設けられていて、手を洗い口をそそぐことがマナーになっている。

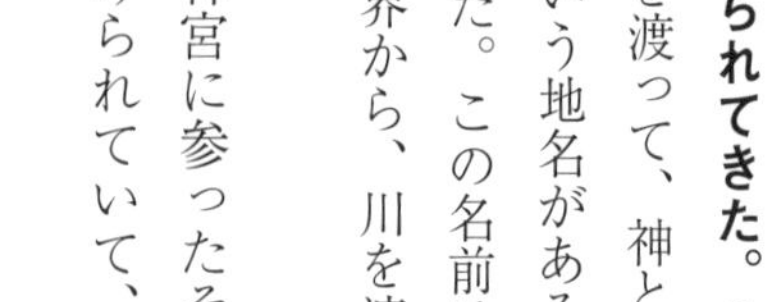

五十鈴川をわたす宇治橋（©N yotarou）

030

【京都】

西《さ》院《い》

三途の川と賽の河原はここにある？

平安時代、淳和天皇《じゅんなてんのう》の離宮は皇居から見て西にあったため「西院《さいいん》」と呼ばれていた。やがてそれが略されて、離宮の周辺地域も含めて「さい」という地名も普及していったと考えられている。現在は駅名などでも電鉄会社によって「さいいん」「さい」とふたつの読みが混在している。

しかし、もうひとつ「さい」のルーツが語られている。離宮からさらに西へと行けば、そこは京の都の果ての場所。**現在の天神川は佐井川と呼ばれ、その向こう岸は「あの世」であるとも考えられていた。三途の川である。**その河原には捨て子が置き去りにされ、飢饉で亡くなった子供が遺棄されていたという。西院（佐井）の河原と呼ばれた。親よりも早く死んだ子供が、親不孝の罪を償うために石を積み続ける、あの**「賽《さい》の河原」**の起源だともいわれる。「さい」という地名もここに由来するのだとか。子供の霊を救ったのは、いまも西院に立つ高山寺の地蔵菩薩だといわれ、多くの参拝者を集めている。

現在の天神川。これより左側（西）が「賽の河原」とされた方向（©Bakkai）

031

【京都】

大将軍《たいしょうぐん》

人々に恐れられた陰陽道の凶神

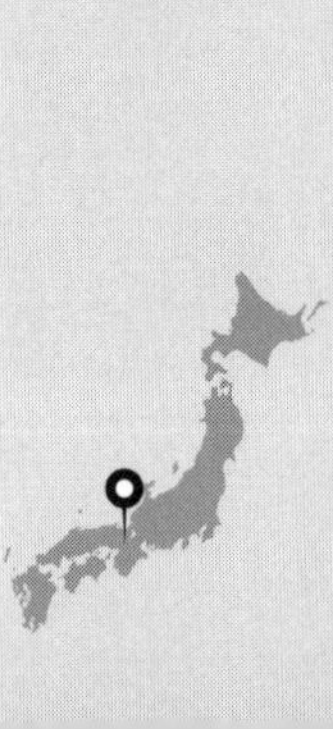

京都市北区には、なんとも勇ましい一角がある。大将軍小学校、大将軍郵便局、大将軍商店街……迫力ある地名だが、これは同じ北区にある「大将軍神社」に由来する。**「大将軍」という陰陽道の神さまを祀っている神社**なのだ。

陰陽道は古代中国に生まれ、5～6世紀に日本にも入ってきた呪術であり占術なのだが、その中で**方位の吉兆を司る神々**が「八将神」だ。大将軍はこの神々のひとつで、きわめつきの凶兆とされた。ちなみに2021年（令和3年）は西の方角が大将軍で、この方向への旅行や引っ越しなどは良くないとされる。

その大きな力を封じようとしたのか、あやかろうとしたのか。大将軍を祀った神社は日本各地にあるが、そのひとつが京都市北区の大将軍神社だ。やがて地名にもなった。大将軍の街を歩き、神社にお参りをすれば、厄落としができるかもしれない。

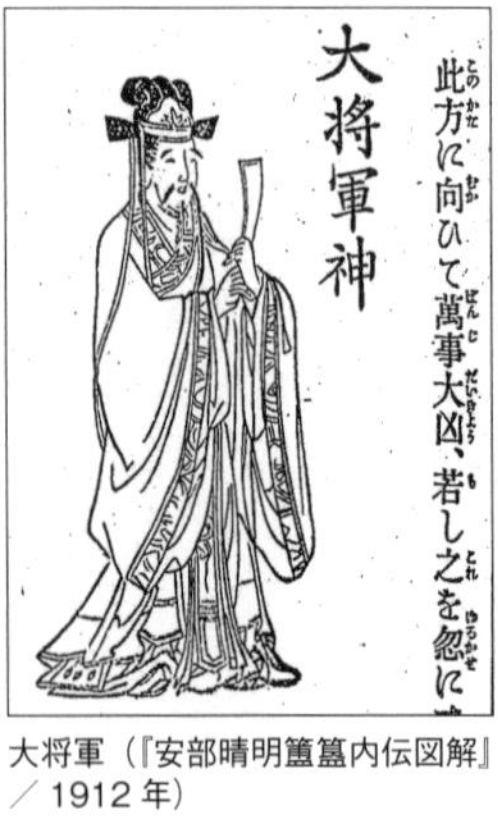

大将軍（『安部晴明簠簋内伝図解』／1912年）

032

【京都】

悪王子《あくおうじ》

京都市内を転々と引っ越した悪の王子とは？

京都駅の北、烏丸《からすま》五条の一角に広がる悪王子町。さぞ悪名高い王子がいたのかと思わされるが、「悪」とは時代によって意味が異なる。**古代や中世では「突出した存在」「強力なもの」に対して「悪」を冠することがあった**のだ。

そして**「王子」とは、素戔嗚尊（スサノオノミコト）を表す**。神話のヒーロー・力強きスサノオこそが悪王子で、彼を祀った「悪王子社」があったことから名づけられた地名なのである。

この悪王子社、もともとは四条烏丸の近くに建立されたという。974年（天延2年）のことだ。だからそのあたりは、いまは「元悪王子町」と呼ばれている。その後、1590年（天正18年）に現在の悪王子町に移った。さらに1596年（慶長元年）、今度は四条京極に引っ越す。そして1877年（明治10年）には八坂《やさか》神社の境内に移築され、摂社として祀られるようになり、いまに至っている。

「悪王子」のスサノオ（「武勇見立十二支 辰 素盞雄尊」歌川国芳）

033

【京都】

一口《いもあらい》

日本屈指の難読地名は「疫病」に由来？

京都南部、宇治川のほとりに広がる久御山町《くみやまちょう》に、「一口」という場所がある。これを初見で「いもあらい」と読める人はまずいないだろう。いまは水路が入り組み田畑が広がり、集落が点在する地域だ。

「一口」と表記するようになったのは江戸時代からだといわれる。それ以前はふつうに「芋洗」と書いた。とはいえ、「芋洗」自体もなかなか珍しい地名だろう。そのルーツには諸説あるのだが、有力と考えられているのは「疫病」に由来するというもの。

古代から日本で流行した疫病といえば、麻疹《はしか》と疱瘡《ほうそう》だ。とくに疱瘡は全身に発疹が現れ、さらに化膿していく病気で、致死率も高く、恐れられた。天然痘のことである。

この発疹症状の見た目から、疱瘡は「芋」とも呼ばれた。その芋を洗うとは、「お祓い」のことだ。芋を祓い、治るように祈願するための神社が、この地にはあったのだという。**疱瘡快癒にご利益があるとされた**のだ。また、かつて近くにあった池で疱瘡患者の身体を洗うと効果があったからだとも伝わる。

こうして芋を洗う、祓う土地として知られていたのだが、**訪れる患者たちはきっと、一口で食べてしまうように、すぐに疱瘡が治ってほしいと祈ったに違いない。**だから「一口」と書いて「いもあらい」と読む地名になった……そう考えられている。いまも昔も、人は疫病に悩まされてきたのだ。

また近くには宇治川のほか桂川と木津川も流れているが、その3つの川が合流し、ひとつの口のようになって淀川となることから「一口」の漢字が使われたともいわれる。

月岡芳年画『新形三十六怪撰』より、「為朝の武威痘鬼神を退く図」。疱瘡は日本で1000年以上にわたり恐れられた疫病のため、擬神化もなされた。また、源為朝は源頼朝の叔父にあたる人物で、江戸時代には為朝の武功を恐れて疱瘡神が逃げ出すと信じられていた。この絵は1890年に描かれたもの。

034

【京都】

糺《ただす》の森《もり》

神の息づかいを感じる、古代の森

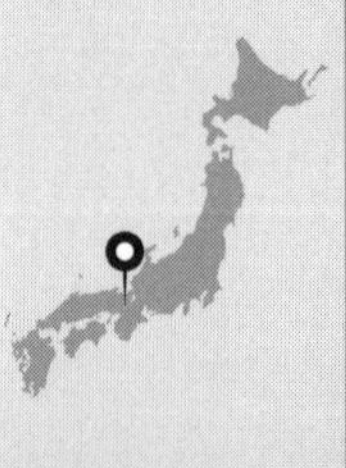

下鴨《しもがも》神社の広大な境内には、鬱蒼《うっそう》とした原生林が広がっている。その中を貫く参道を歩いていく。昼でも薄暗く、静かだ。一部では平安時代からの植生が残っているとも言われる。古い森なのだ。どこか厳粛な空気すら漂う。言い伝えでは、**この森のどこかに、人の過ちを糺《ただ》す神がいるのだという。**だからここは「糺の森」と呼ばれてきた。古来、穢れを祓う禊《みそぎ》の場でもあり、さまざまな歌にも詠まれた。『古今和歌集』では平貞文《たいらのさだふみ》が、

「偽りを　糺の森の木綿襷《ゆうだすき》　かけつつ誓へ　われを思はば」

と、糺の神にかけて嘘偽りのない愛を求めている。

異説もある。森が賀茂川と高野川の合流する三角州に位置するため**「只洲《ただす》」**という名になったというもの。澄んだ清水が湧く森だったので**「直澄《ただす》」**と呼ばれたというもの。しかしこの森には確かに張り詰めた神聖な空気が漂う。実際に歩いていると、やはりここには人や物事を糺す神がいるのではないかと思えてくるのだ。

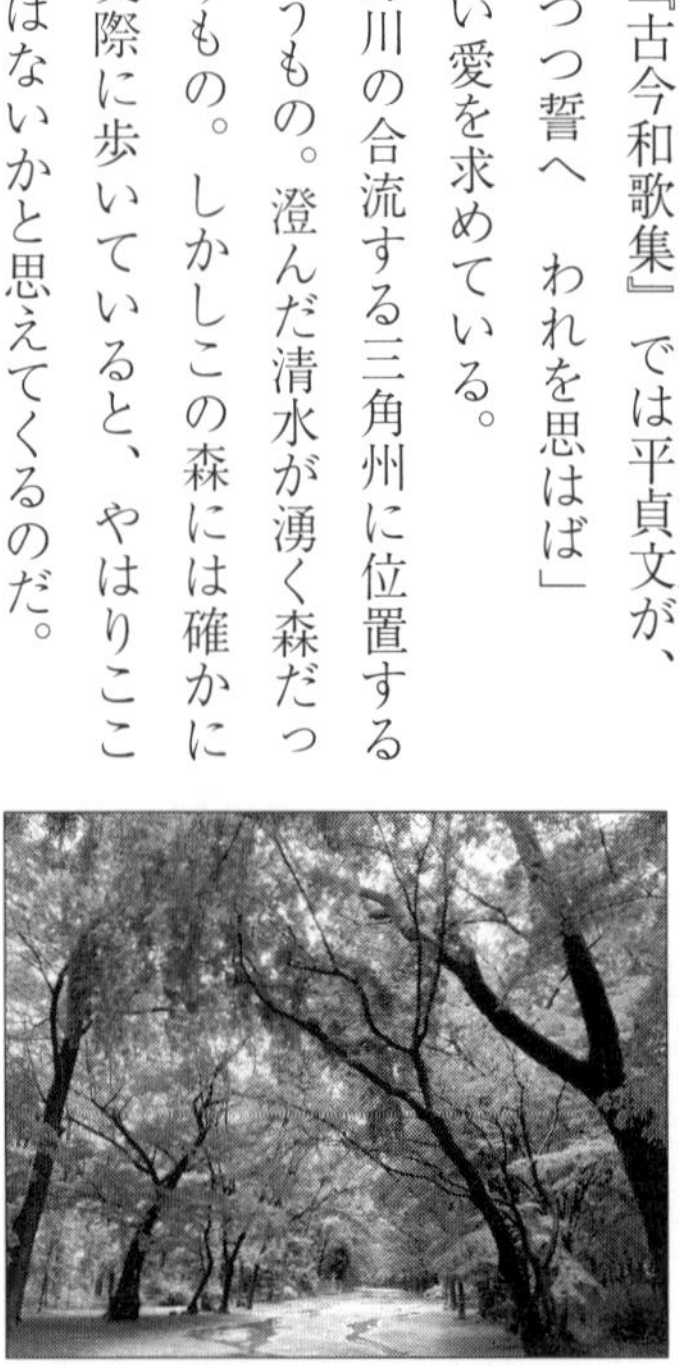

糺の森。参道の左右に原生林が広がる

035

【京都】

祇園《ぎおん》

そのルーツは遠いインド仏教にあり

古代インドの北部には、「ジェータヴァナ・ヴィハーラ」という仏教寺院があった。釈迦が説法をしたり、弟子たちが修行を行ったといわれている。漢字に訳すと**「祇園精舎《ぎおんしょうじゃ》」**だ。

この祇園精舎にあやかって建てられた神社が京都にある。祇園社、祇園感神院などと呼ばれた。祀られているのは、祇園精舎の守護神とされた**牛頭天王《ごずてんのう》**だ。

祇園社の門前町として栄えた街が、祇園である。江戸時代には祇園社に参拝する人々が憩う茶屋が立ち並び、やがて舞妓や芸妓が行きかう色街へと発展していった。

明治時代になると祇園社は「八坂《やさか》神社」という名前に改称したが、それからも地域の人々からは「祇園さん」と呼ばれて親しまれている。そして祇園はいまも京都を代表する歓楽街だ。

ちなみにインドの祇園精舎は、現在の北部ウッタル・プラデーシュ州に遺跡として残っている。仏教の聖地であり観光地として公開されている。

八坂神社西楼門（©Kentaro Ohno）

036

【富山・石川】

倶《く》利《り》伽《か》羅《ら》峠《とうげ》

古代インドから伝わった不動明王の名前

富山県と石川県の県境に位置する倶利伽羅峠。1183年（寿永2年）に源氏と平氏が戦った地として知られるが、その名前のルーツは源平合戦からさらに昔にさかのぼる。

718年（養老2年）のことだ。この地にインドの高僧、善無畏《ぜんむい》三蔵法師が訪れた。そして「kulikah」の像を彫り、安置したのだという。「kulikah」とは、古代インドで使われていたサンスクリット語で**「黒い龍が巻きついた剣を持つ不動明王」**を意味する。これを本尊として建てられた寺院が、**倶利迦羅不動寺**だ。「kulikah」を日本語で「くりから」と表し、漢字を当てて「倶利迦羅」としたものだ。

そこから峠の名前にもなり、いまではふもとにはIRいしかわ鉄道の倶利伽羅駅もある。そして倶利迦羅不動尊は古くから続く名刹として、多くの参拝客を集めている。

倶利迦羅不動寺（© 越山賀水）

037

【山形】

及《の》位《ぞき》

いったいなにをノゾいたのか？

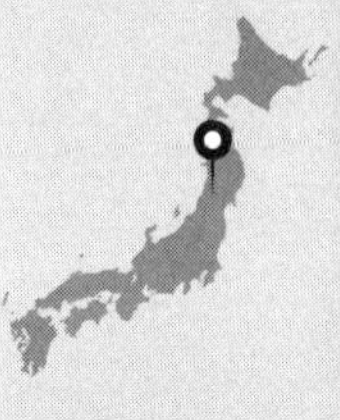

奥羽《おうう》山脈の真ん中である。深い緑に覆われた甑山《こしきやま》では、厳しい修行を行う人々がいた。修験道の信者たちだった。彼らは27日間の断食を終えてから、甑山に挑んだという。

険しい山道を登り詰め、断崖絶壁の上に立つと、足に木の蔓《つる》を巻いた。それを命綱にして、逆さ吊りになるのだ。崖の中腹に開いている穴をのぞき見るためだった。**穴の奥に安置されているという秘仏を見事に拝んだ者は、悟りを開くことができたといわれる。**

修験者たちの中には、荒行を成功させたことで権力者から位階を授けられた人もいるという。「のぞき」によって高い「位」に「及」んだ者……そこから修行の地は、「及位」と書いて「のぞき」と読むようになったのだとか。

現在ではＪＲ奥羽本線の及位駅があることでも知られている。珍しい名前の駅だと、ときどきマニアが訪れるようだ。

修行の舞台とされる甑山（©らんで）

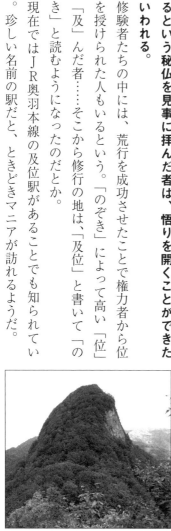

038

【福井】

嫁威《よめおどし》

いつの世も、嫁と姑は争うものなのか

越前の国に、与惣治と清という夫婦がいた。ふたりは貧しいながらも仲睦まじく、ふたりの子供と、与惣治の母とともに暮らしていた。夫婦はまた、日ごろから僧侶のもとに参り、教えを聞く信心深さも見せていた。ちょうどその頃、近くには高僧・蓮如上人《れんにょしょうにん》が建てた**「吉崎御《よしざきご》坊《ぼう》」**という道場があり、そこに通いつめていたのだ。

ところが、幸せな日々は一転。病によって与惣治もふたりの子供も亡くなってしまうのだ。清は世をはかなみ、残されたただひとつの生きがいとばかりに、より熱心に吉崎御坊に通い、蓮如上人の教えに耳を傾けるのだが、義母はどうにもそれが気に入らない。ふだんから神も仏も信じない性格だったのだ。

どうにかして嫁の信心を改めさせたい姑は、一計を案じた。ある夜、ひとりで寺へと向かう嫁を待ち伏せて、鬼の面をかぶって立ちふさがったのだ。「教えを捨てねば食ってしまうぞ」と脅したのだが、嫁は冷静だった。「南無阿弥陀仏」と唱えて、立ち去ってしまった。

肩透かしを食い、仕方なく帰宅した姑だったが、あることに気がつく。**なんと鬼の面が顔に**

張りつき、外れなくなっているではないか。肉に食い込み、顔と一体化するかのようだ。慌てて取り乱しているところに、嫁が帰ってくる。

「お義母さん、念仏を唱えてください」

その言葉にすがりつき、姑は初めて「南無阿弥陀仏」と口にした。すると鬼の面はするりと外れたという。

それからふたりは揃って吉崎御坊に通い、仲良く暮らした……**そんな嫁・姑の対立と和解の昔ばなしが、ここ嫁威の地名のルーツだ。**吉崎御坊のあった場所には、いまは記念館が建てられている。

吉崎御坊跡に建つ蓮如上人像（© 藤谷良秀）

039

【長野】

女《にょ》体《たい》入《いり》口《ぐち》

一度は飲んでみたい「焼酎・女体」

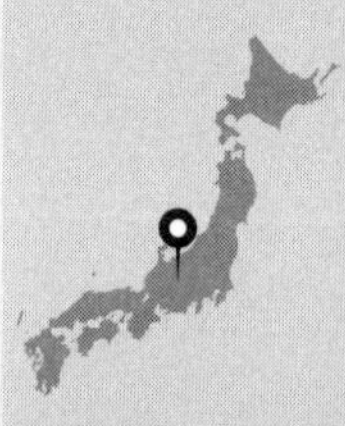

中央自動車道の駒ヶ根インターチェンジのすぐそばに、一部マニアに知られたバス停がある。「女体入口」だ。なんとも艶めかしいバス停の前で写真を撮る人もときどき現れるのだが、どうしてこんな名前がついたのかはよくわかっていない。

山岳信仰に基づくのではないか、ともいわれる。かつて木曽山脈は厳しい修行を行う修験道の地で、女人禁制だった。だから**ふもとには山にこもった男たちを「女」性が「待」つ場所があったのだとか**。「女待」が「女体」に変わり、その入口あたりを、こう呼ぶようになった……という話。

木曽の山々が、横になった女性の身体のラインに似ているからという説もある。また、ここで亡くなった高貴な女性を埋葬したからともいわれるが、詳しいことは不明だ。

なお駒ヶ根市では町おこしの一環か、このバス停にあやかった芋焼酎「女体」も販売している。

040

【鳥取】

耳《みみ》

地域に愛されてきた弥勒菩薩

山々と小《お》鴨《がも》川《がわ》に囲まれた、のどかな農村である。その入り口に「耳地区」と看板が立つ。「耳」という集落なのだ。なんともふしぎな地名だが、その由来はこの地域に建つお堂にある。「弥勒堂」という小さなお堂があるのだ。その名前の通り、弥勒菩薩を祀ったもの。霊験あらたかで、さまざまな病気を治す力があると伝えられ、大事にされてきた。とくに耳の病気には効果てきめんだったらしい。だから、**いつのまにか弥勒菩薩は「みみろくさん」と呼ばれるようになった。**これが地名にもなって、現在に至っているというわけだ。いまも「みみろくさん」のご利益にあやかろうと、参拝に訪れる人がいるという。

ところで「耳」の集落は、上空から見てみるとタテに細長い。地図サイトなどで見るとよくわかる。どことなく耳に似ているのだ。その形から地名が名づけられたという話もある。

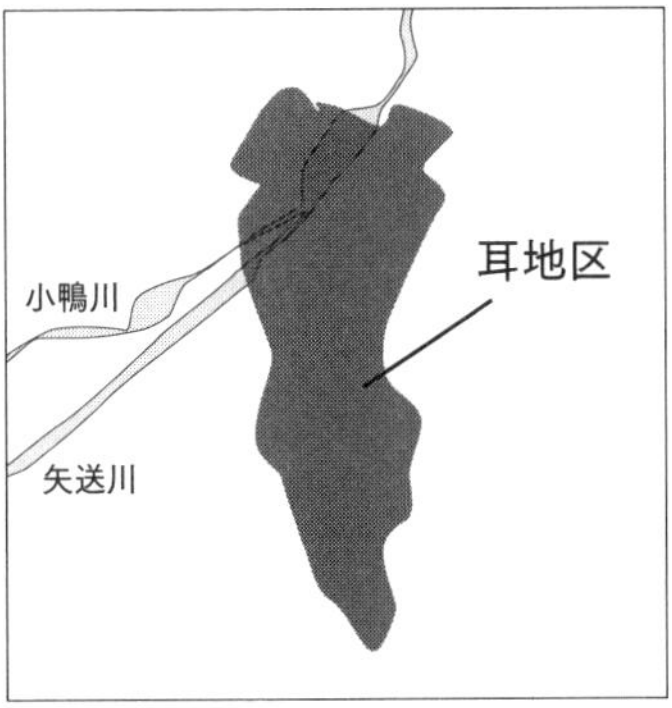

耳地区の形

041

【島根】

神原《かんばら》

「神の宝が積まれた地」で発掘された卑弥呼の鏡

733年（天平5年）に成立した『出雲国風土記《いずものくにふどき》』には、**「ここは神の宝を積み置いた場所である」**と記されている。そこから「神原」と名づけられたそうだ。いまでは島根県雲南市加茂町の一角に広がっており、稲穂の実り豊かな集落だ。

地域には神原神社もある。古墳の上に建っているという珍しい神社なのだが、世紀の発見があったのは1972年（昭和47年）のこと。

きっかけは神原神社の近くを流れる川の改修工事だった。社殿を移転する必要が出てきたのだ。その際に古墳の発掘調査も合わせて行われたのだが、きわめて貴重な銅鏡が出土した。**三角縁神獣鏡《さんかくえんしんじゅうきょう》**と呼ばれるもので、そこには中国・魏の暦で景初3年（239年）と刻まれていた。『魏志倭人伝』によればこの年に、倭の女王・卑弥呼《ひみこ》が魏に使者を送り、現地で銅鏡100枚を授かったといわれる。発掘された鏡はそのうちの一枚と考えられている。ここはまさしく「神の宝が積まれた」地だったのだ。

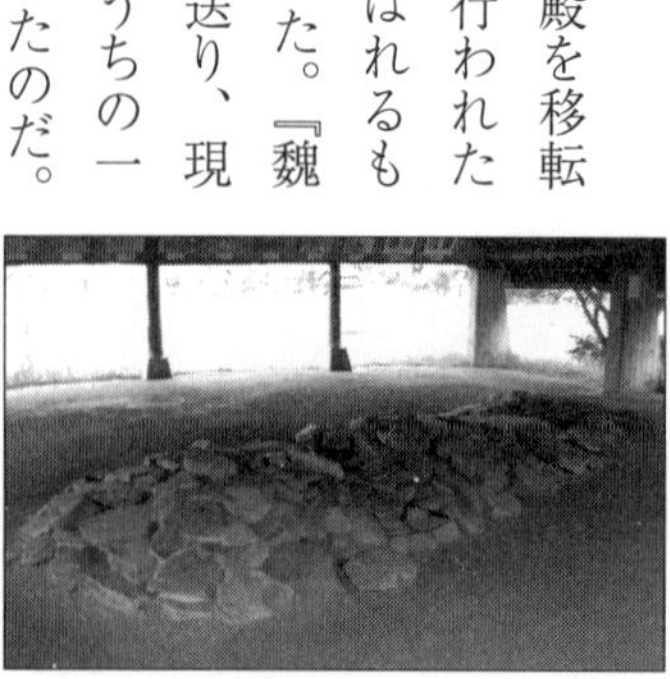
神原神社古墳の石室（復元）（© 暗黒な方）

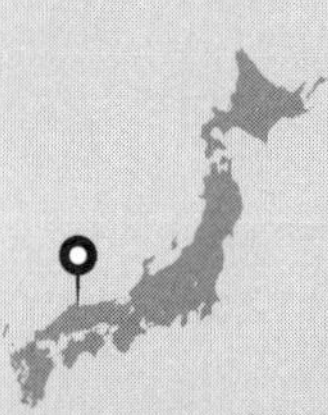

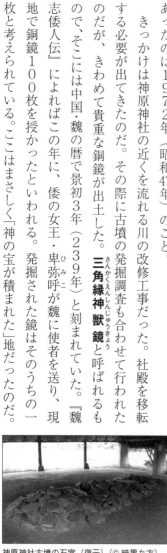

042

【広島】

厳《いつく》島《しま》

古代人が神に仕えた島だったのか

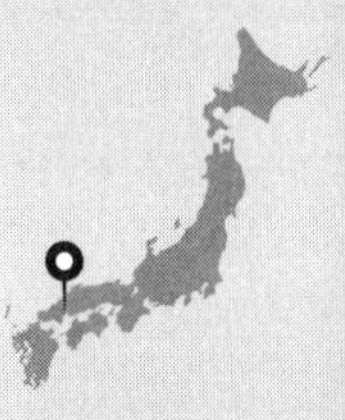

海の上に建つ大鳥居がなんとも神秘的な厳島神社。５９３年（推古《すいこ》天皇元年）に創建され、平安時代には平清盛が手厚く保護したことでも知られ、いまではユネスコの世界文化遺産にも登録されている。

その厳島神社がある厳島は、はるか古代から神聖な島として崇められてきたらしい。島全体を覆う深い原始林に神が住まうと考えたのか。あるいはその森が育む豊かな水の恵みに神を見たのか。だからいつしかここは、**神に「いつく」島**と呼ばれるようになっていった。**「いつく」とは、「心身の穢れを清めて神に仕えること」を意味する。**漢字では「斎く」と書いた。この「斎島」が、「厳島」に変化したと考えられている。

いまでも厳島神社の背後には、古代のままの原始林が広がっている。昼でも暗い森の中をさまよっていると、人ならぬものの気配を感じるかもしれない。

厳島神社と背後に鎮座する厳島（©GoToVan）

043

【香川】

琴平《ことひら》

ガンジス川のワニが、日本にやってきた

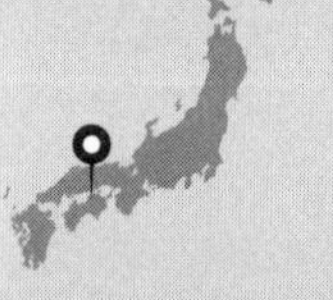

金刀比羅宮《ことひらぐう》といえば、香川県のみならず日本を代表する神社だ。いつも参拝客で賑わっているが、その門前町として栄えてきた琴平町も、神社の名前から来た地名である。

「こんぴらさん」とも呼ばれて親しまれている金刀比羅宮だが、その語源は**「クンビーラ」**だと考えられている。これは古代インドで使われていたサンスクリット語で、**ガンジス川に住むワニ**のことだ。インドの神話ではガンジス川を司る女神ガンガーの乗り物として登場するなど、古くから神格化されてきた。

このクンビーラ、バラモン教では水運の守り神として祀られてきたが、後年になって生まれたヒンドゥー教や仏教にも受け継がれていく。

そんな**クンビーラを漢字に訳したものが「金毘羅《こんぴら》」**だ。仏教では薬師如来を守る神々の一柱と位置づけられた。

クンビーラ（©Rajenver）

金毘羅は日本にも入ってくると、山岳信仰や修験道などとも結びつき、仏教とも神道ともつかない「神仏習合」の神として祀られるようになる。それが金毘羅大権現だ。江戸時代には「こんぴら参り」が大人気となり、伊勢参りと並んで庶民の夢だったようだ。

明治に入ると、神道と仏教をはっきり区別する「神仏分離」の動きが広がる。金毘羅大権現は金刀比羅宮と名前を変えて神道の神社となり、いまに至っているというわけだ。さらに街の名前にもなっていく。

遠いインドにルーツを持つ「こんぴらさん」は、21世紀の日本でも水運の神さまだ。船員や漁師といった海で働く人々も参拝に訪れる。彼らを守ってくれるのは、ガンジス川のワニなのだ。

金刀比羅宮の参道。本宮までの石段は1368段にもおよぶ（©Dokudami）

044

【熊本】

不知火《しらぬい》

超常現象と恐れられた、海上を燃やす炎の列

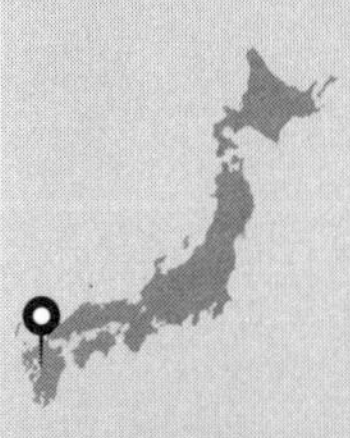

旧暦8月1日頃の夜、熊本県西部の八代海《やつしろかい》にはふしぎな現象が起きる。沖合に火のようなものが現れたかと思うと、その数がどんどんと増えていき、水平線に沿って並ぶのだ。数千もの火が出現することもあるという。

いったいなにごとかと、船で沖に向かってみても、近づくことはできない。火は遠ざかってしまうのだ。だから古代から人々は龍神の炎だと考えて恐れてきた。

人智の及ばぬ「人の知らない火」であることから「しらぬひ」と呼ばれるようになる。やがて「不知火」という漢字が当てられ、地元の地名にもなる。江戸時代や明治時代には熊本出身の力士が「不知火」の四股名《しこな》を名乗ったことから、全国的に知られるようにもなっていく。

いまではこの不知火が、**夏場の気温の高いときに起きる蜃気楼の一種**だということがわかっている。漁船の明かりが光の屈折によって海面上に乱反射するのだ。この季節、熊本県宇城市の不知火町では「海の火まつり」が行われ、不知火にちなんだ海上花火が打ち上げられる。

045

【東京】

兜町《かぶとちょう》

戦いに敗れた平将門の遺品が眠る？

東京証券取引所があることから、銀行や証券会社が並び、金融の街として発展してきた兜町。地名のもとになったのは、その東京証券取引所の裏手にある兜神社だ。境内には「兜岩《かぶといわ》」という大きな岩塊があり、これが神社の名の由来と伝えられている。

ではどうして、その岩は兜岩と呼ばれているのか。ルーツは平安時代中期にさかのぼる。関東地方に巨大な勢力を築いた**平将門**《たいらのまさかど》という豪族がいたが、朝廷により討ち取られ、命を落とした。９４０年（天慶３年）のことだ。**彼の遺品である兜が埋められた場所が、この岩のたもとなのだという。**そして将門の霊を供養するために神社が建てられ、いまに至っている。

ちなみに兜神社から1・5キロほど離れた大手町には、将門の首が祀られているという塚がある。再開発のため移転や撤去しようとするたびに関係者が亡くなるなど「祟り」が相次いだことから、いまも昔のまま同じ場所に佇んでいる……そんな話も伝わる。

大手町の平将門の首塚（©Kakidai）

046

【栃木】

日光《にっこう》

古代サンスクリット語に由来する聖地

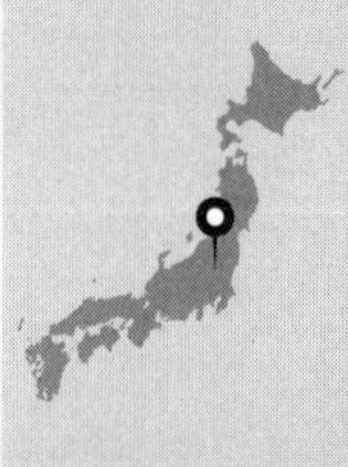

東照宮に代表される歴史ある社寺。華厳《けごん》の滝や中禅寺湖《ちゅうぜんじこ》などの大自然。日光は日本を代表する景勝地であり観光地だ。その地名のルーツは太陽の光とはまったく関係がなく、およそ１３００年前にさかのぼる。

その時代、中禅寺湖の北にそびえる山は**「補陀洛《ふだらく》山」**と呼ばれていたという。「ふだらく」とは古代仏教の経典で使われたサンスクリット語（梵語）で「ポタラカ」のことだ。観音菩薩が住む山という意味である。仏教が伝来したばかりの頃だが、すでに仏の教えが大きな影響力を持っていたことが伺える。

その補陀洛山に登頂して悟りを開いた僧が、勝道上人《しょうどうしょうにん》だ。７８２年（天応2年）のことだった。彼はこの地域に中禅寺や四本龍寺《しほんりゅうじ》（現在の輪王寺《りんのうじ》）などを開き、仏教の聖地としたのだ。

そして補陀洛山は、**その読み方がなまり「ふたら山」と呼ばれるようになった。**これに「二荒」という漢字が当てられる。二荒山《ふたあらやま》神社も創建され、二荒山そのものがご神体とされ、勝道上人が極めた山頂には奥宮が置かれるなど、一帯は日本有数の霊場になっていった。

「二荒」は音読みで「にこう」とも呼ばれていたが、これに「日光」と漢字を当てるようになったのは江戸時代からだといわれる。徳川家康を祀る東照宮を創建するときに変更された、とも伝えられる。

こうして日光の名前が定着していったが、もともとは異国の言葉なのである。そして観音さまが住まうという二荒山は、いまでは男体山《なんたいさん》という名前でも呼ばれている。

ちなみにチベットの中心地ラサにはポタラ宮という仏教の宮殿があるが、これも「ポタラカ」に由来する。日光の社寺と同様に、世界遺産でもある。

日光二荒山神社のご神体・男体山。この男体山の古い名前が「ふたら山」とされる（©Uraomote yamaneko）

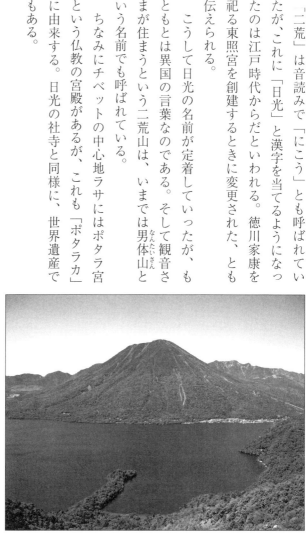

047

【宮城】

念仏田《ねんぶった》

400年前にもこの地は津波に見舞われた

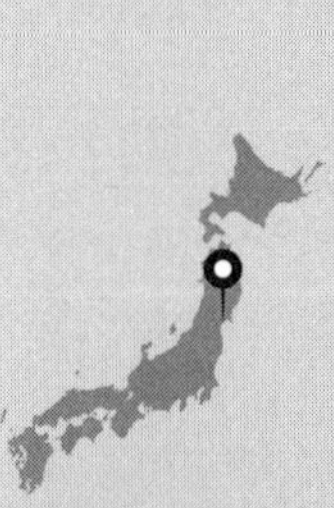

1611年（慶長16年）10月28日、東北地方が大きく揺れた。慶長三陸地震である。すぐさま津波も発生し、三陸各地へと押し寄せた。現在の仙台市宮城野《みやぎの》区のあたりも津波に洗われたが、逃げのびた住民たちは岡田地区の小高い丘に避難したという。**そしてひたすらに念仏を唱えたところ、海水は引いていった。**そんな伝承が残る。

後年、この地には地蔵が建てられ、そして念仏田という地名にもなった。それは慰霊のためでもあっただろうが、将来また起こるだろう災害に対する警告の意味も込められていたはずだ。それだけ三陸はたびたび津波に見舞われてきた。

2011年の東日本大震災でも、やはりこの地域には津波が直撃した。このときは念仏田も被災し、地蔵も被害を受けてしまった。それでも地元の人々によって再建され、いまも地域を見守っている。三陸にはこうした津波由来の地名が非常に多いのだ。

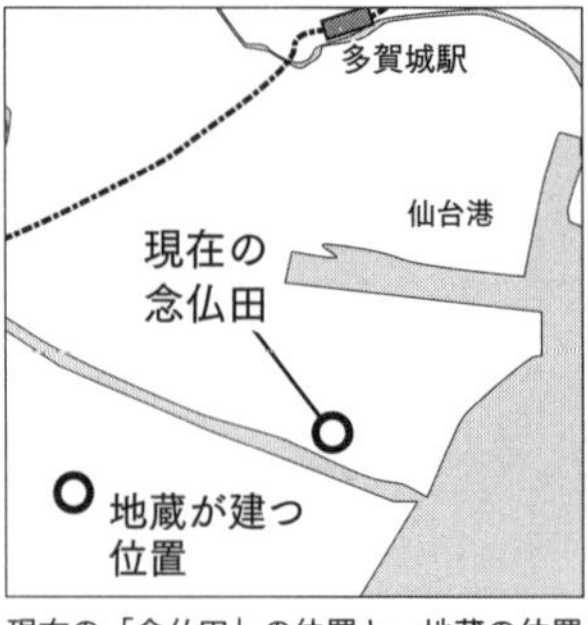

現在の「念仏田」の位置と、地蔵の位置

［3章］

戦乱の歴史
から生まれた地名

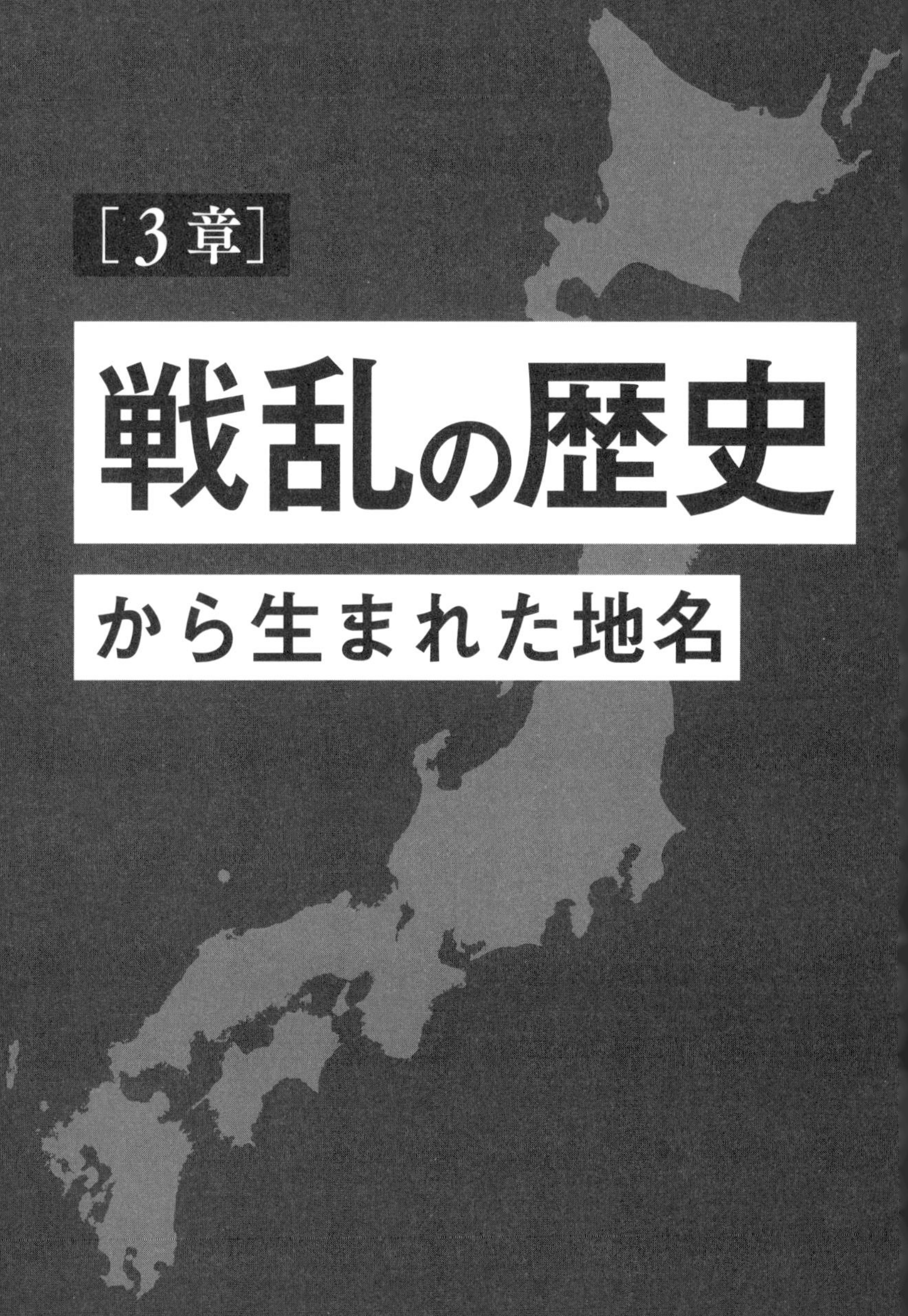

048

【東京】

お台《だい》場《ば》

黒船迎撃のための軍事拠点が、いまは観光地に

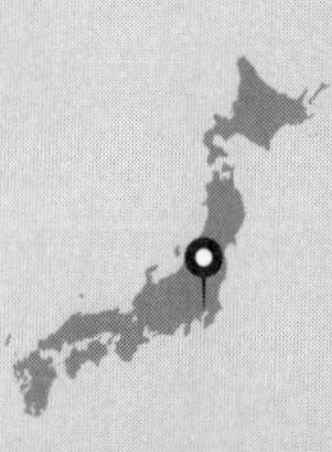

1853年（嘉永6年）。鎖国を続けていた日本に、ペリー提督率いるアメリカ艦隊が来航した。黒船である。ペリーが江戸幕府に求めたのは、日本の開国と、貿易の自由化だ。その交渉を行うため、半年後に再度来ると言い残し、ペリーは去っていった。

幕府は騒然となった。巨大な黒船に、日本をはるかにしのぐ科学力と軍事力を見たのだ。開国交渉がどうなるにせよ、まずは防備を固めなくてはならない。そこで幕府は総力を挙げて、江戸の沖合いに黒船を迎撃するために砲門を備えた人口島をいくつも造成し、要塞とした。**これらは砲「台」を設置した「場」所であることから「台場」と名づけられた。**

当初は東京湾に11基が築かれる予定だったが、工事は遅れた。それでも品川沖に第4基を除いて第1から第6まで5基の台場が完成し、翌1854年（嘉永7年）に再び姿を現したペリーは驚いたという。たった半年で防衛ラインを整えた日本を警戒し、いったん東京湾を後退して、上陸地点を横浜に変更したほどだった。**その功績からか、台場は敬称をつけて「御台場」と呼ばれるようになっていく。**また、幕府が築いたものだから「御」を加えたという説もあるようだ。

結局、砲台が火を噴くことなく日本は開国。そして昭和の高度経済成長期になると、東京湾に広がっていった埋め立て地に取り込まれるように、要塞島はひとつずつ姿を消していった。こうして開発されたウォーターフロントが、現在のお台場だ。

しかしいまも、ふたつの台場が現存し、東京湾に浮かんでいる。第３台場はお台場海浜公園と地続きになっており、砲台の跡も残る。デックス東京ビーチやフジテレビもよく見えるスポットだ。散歩してみるのも楽しい。

そのそばにある第６台場は立ち入り禁止の無人島で、ジャングルのように木々が茂り、鳥たちの楽園になっている。

現在は台場公園となっている、第３台場。奥にフジテレビが見える（© 福原邦展）

049

【大阪】

道頓堀《どうとんぼり》

江戸時代に、道頓さんがつくった堀

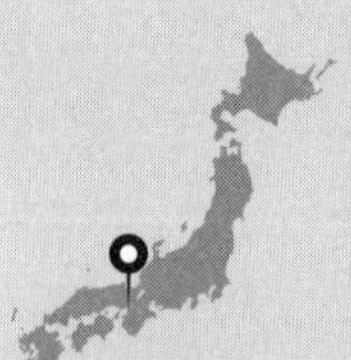

かに道楽やグリコの看板が踊る道頓堀は、大阪のシンボルのような場所といえるだろう。常におおぜいの人で賑わう繁華街だが、その中心となっているのは街を東西に流れる道頓堀川だ。天然の川ではなく、人口の堀である。

開削されたのは江戸時代の初期、1612年（慶長17年）のこと。街の東西にはそれぞれ、東横堀川・西横堀川が流れていたのだが、**この間をさらに新しく堀でつなげて、横のラインをつくろうという計画**だった。この大工事を請け負ったのは商人、**安井道頓《どうとん》**だ。彼は私財までも投じて開削を続けたが、1615年（元和元年）に起きた大坂夏の陣に巻き込まれ、命を落としてしまうのだ。しかし従弟の安井道卜《どうぼく》が後を継いだ。彼が同年、とうとう堀を貫通させると、東西の水運は格段に便利になったという。**摂津大坂の藩主・松平忠明《ただあきら》は、安井道頓の功績を称えて、この堀を道頓堀と名づけた。**それから道頓堀は、商人の町・大阪を支え続けている。

夜の道頓堀（©Martin Falbisoner）

050

【京都】

西陣《にしじん》

応仁の乱で、西軍が陣を敷いた場所

１４６７年（応仁元年）、京都を舞台にして日本を二分する内戦が起きる。室町幕府の８代将軍・足利義政《あしかがよしまさ》の後継者争いと、幕府内部の権力争いが絡み合い、とうとう戦争に発展したのだ。応仁の乱である。諸大名は京都を流れる堀川を挟んで、東西に陣を敷いて対峙した。細川勝元が率いる東軍と、山名宗全《やまなそうぜん》を首領とする西軍だ。

両軍は激しい戦闘を繰り広げ、京都は壊滅するのだが、**このとき山名軍の陣地だったあたりを後年になって「西陣」と呼ぶようになる。**いまでは上京区から北区にかけての一帯で、町名などにはなっていないのだが、それでも地域の通称として定着している。その中心となっているのが上京区山名町で、ここには山名宗全の屋敷跡もある。

応仁の乱は11年に渡って続き、西軍の敗北に終わるのだが、荒れ果てた京都では産業の復興が始まる。とりわけ5世紀から盛んだった織物だ。職人たちは戦前に住んでいた西陣のあたりに戻り、織物を再興したが、ここから「西陣織」の名前が生まれた。

051

【奈良】

京終《きょうばて》

寂しい地名だが1300年の歴史を持つ

710年（和銅3年）、現在の奈良県に都市が築かれた。平城京だ。この地に首都が置かれていたおよそ80年が、奈良時代である。唐（中国）の長安《ちょうあん》（現在の西安）をお手本にした「計画都市」だったといわれる。北端には天皇の住まう平城宮が置かれ、そこからメインストリートである朱雀大路が一直線に南へ延びる。この道の左右には1800尺（約532メートル）の間隔で、東西南北に大通りが巡り、碁盤の目のようにきっちりと区画整理されていた。人口およそ10万人。

その都の、果てるところ。**街路が終わる南の端のあたりが、いつしか「京終《きょうばて》」と呼ばれるようになっていった。**なんとも寂しい名前ではあるのだが、見方を変えればここは平城京への入り口でもある。だから京終は、モノや人が行きかう街として、産業が栄えた歴史も持っているのだ。ちなみにいまでは平城京より大きく広がった奈良市の一角に取り込まれ、「終わりの地」の雰囲気はない。

京終駅（© 切干大根）

052

【福岡】

京都《みやこ》

福岡県の中に京都がある理由

福岡県の東部には、京都がある。正しくは京都郡で、「みやこ」と読むのだが、２００６年（平成18年）にはその名を冠した平仮名地名の「みやこ町《まち》」も町の合併によって生まれるなど、すっかり地域に定着している。

しかしどうして、京都から遠く離れた九州のこの地が「みやこ」なのか。それは『日本書紀』の記述がもとになっている。およそ２０００年前とされるが、第12代の景行《けいこう》天皇が軍勢を伴って九州へと乗り込んできたのだ。九州南部の豪族、熊襲《くまそ》を平定するためだった。**そのときにしばらく滞在し、指揮を執った場所が、「豊前国長峡《ながお》」つまり現在の福岡東部のあたりなのだという。**

中国の影響で、日本でも君主が住む場所を「京」「京都」と呼ぶようになっていたことから、ここもまた「京」のひとつとされ、いまに至っているというわけだ。「本家」の京都と同様に、古い歴史と言い伝えを持っているのである。

景行天皇。英雄・ヤマトタケルの父でもある

053

【宮城】

鬼首《おにこうべ》

坂上田村麻呂に敗れた鬼の首が飛んできた場所

いまの関西地方や九州を中心に栄えていた古代の大和朝廷にとって「東北」は未知の世界だった。そこに住む人々を蝦夷（えぞ、えみし）と呼び、ときに恐れ、対立し、ときには交易も行った。異国だったのだ。

しかし朝廷の力が強まってくると、蝦夷を勢力圏に飲み込み東北を支配する動きが出てくる。その先頭に立った武将が**坂上田村麻呂《さかのうえのたむらまろ》**だ。彼は７９４年（延暦13）年から蝦夷と戦い、数々の武功を残しているが、あるとき篦岳山《ののだけやま》に住む大武丸《おおたけまる》という首領と相まみえる。鬼とも呼ばれた蝦夷の大物だ。

坂上田村麻呂は激闘の末に勝利するが、**このときはねられた大武丸の首は、はるか遠くまで飛んでいったという。**その首が落ちた場所が、のちに「鬼首」と呼ばれるようになったと伝えられる。

現在の鬼首は宮城県鳴子町の一角にある。大自然に包まれた小さな温泉郷として親しまれているが、蝦夷の伝説が残る地でもあるのだ。

鬼首温泉の地域にある野湯（©Soica2001 (talk)）

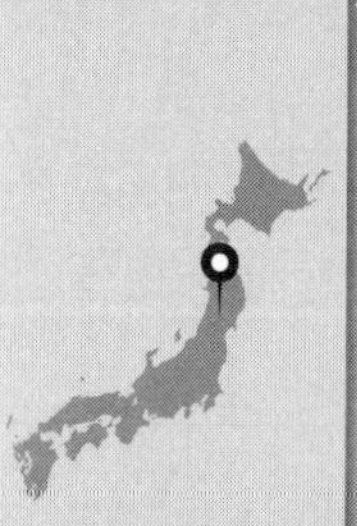

054

【岩手】

勿来《なこそ》

かつてここは大和と蝦夷の境界だった

古代、日本という国の「北限」は、いまの東北地方南部のあたりだった。そこから北は、大和朝廷の影響力が及ばない「蝦夷」の住む地域。だから関所を立て、兵を置き、警戒をした。

そんな関所のひとつが、**勿来《なこそ》の関**だ。蝦夷の南下を防ぐ前線基地だったわけだが、その語源は**「来る勿《なか》れ」**だという。「来てはならない」という意味だ。**大和から蝦夷に対してのメッセージだった。**大和から見れば勿来は遠い異国、辺境の代名詞でもあったのだ。だからロマンをかきたてられたのだろう、これまで多くの和歌に詠まれてきた。代表的な作品が、平安時代の武将・源義家《みなもとのよしいえ》のものだ。

〝吹く風を　勿来の関と思へども　道もせに散る　山桜かな〟

来る勿れという関なのだから、風も吹くなと思うのだ。それでも道いっぱいに桜の花が散るほどに、風が吹き渡っている……そんな意味だという。

現在では、関所から名づけられた勿来町がいわき市の一部となっている。関所があったと考えられる場所は、公園として整備され、義家の歌碑も建てられている。

055

【千葉】

犬吠埼《いぬぼうさき》

吠えたのは源義経の愛犬だった？

関東地方と千葉県の最東端、犬吠埼。地域の町名にもなっているが、この岬で吠え、鳴き叫んだ犬とは、かの源義経《みなもとのよしつね》のものだったという伝説がある。

源義経は源平合戦の英雄として知られ、鎌倉幕府設立の功労者でもあるのだが、異母兄・源頼朝と対立。追われる身となってしまう。「若丸」という名の愛犬をつれて各地を転々としてきた義経だが、この地から船で奥州・平泉《ひらいずみ》まで逃れることになる。しかし若丸を同行させる余裕はもはやなかった。**やむなく置き去りにして出航するのだが、残された若丸は海に向かって7日7晩、吠え続けたという。**そして8日目、若丸はとうとう岩になってしまった……。

いまでも犬吠埼のそばには、この岩が残されている、伝説が真実なのかはわからないが、このあたりは常に海から強い風が吹き荒れ、荒波が立ち、なにか吠えるような音が轟いていることは確かだ。

犬吠埼。ここは日本一初日の出が早い場所としても知られる（©Takashi Hososhima）

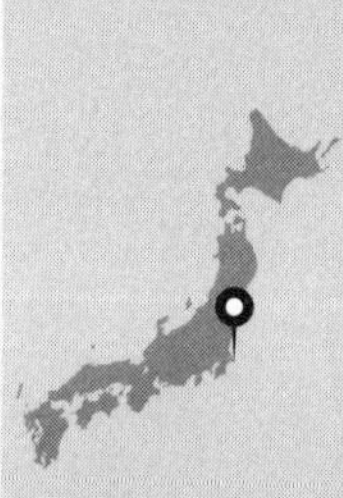

056

【栃木】

戦場ヶ原《せんじょうがはら》

ここで戦ったのは誰なのか？

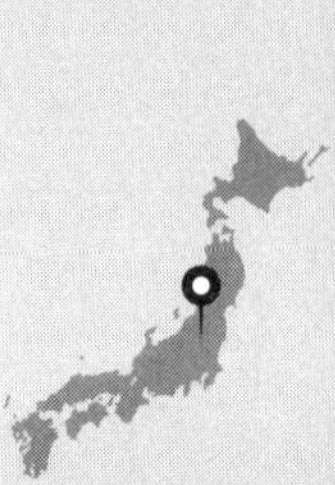

日光・中禅寺湖《ちゅうぜんじこ》の北側に広がるおよそ400ヘクタールの湿原が、戦場ヶ原だ。かつては湖だったところに、男体山《なんたいさん》の噴火の堆積物や水生植物などが積もり、湿原となったもので、いまでは格好のハイキングコースだ。豊かな生態系が育まれており、湿地を保全する国際的な取り決めであるラムサール条約にも登録されている。

そんな自然豊かな場所が「戦場」と名づけられているのだ。さては戦国時代にでも合戦があったのかと思うが、戦ったのは人間同士ではない。**男体山の神と、そのはるか南に位置する赤城山《あかぎさん》の神が、中禅寺湖の所有を巡って争ったという伝説があるのだ。**男体山の神は大蛇と化し、赤城山の神は大ムカデに変化して戦ったという。勝負は激闘の末に、男体山の神が勝利を収めた。

この戦場ヶ原を歩きながら、すぐそばにそびえる男体山を仰ぎ見る。周囲の山よりひときわ高く、立派だ。確かに神がいるような気配さえ感じる威容なのだ。

戦場ヶ原（©Satoru Kikuchi）

057

【徳島】

十《さ》八《か》女《り》

「18歳の女」を「さかり」と読ませた理由とは？

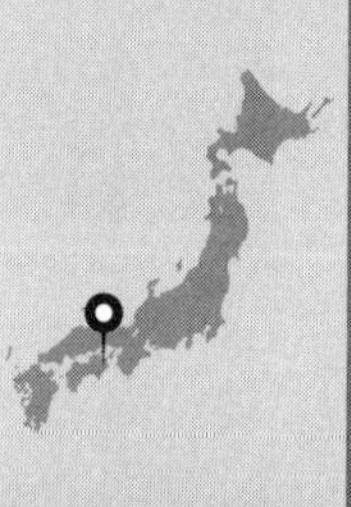

徳島県の東を流れる那賀川《なかがわ》をさかのぼっていくと、次第にのどかな山里の風景が広がるようになる。那賀川の流れと田畑と、山に囲まれた、そんな小さな集落のひとつが、十八女町だ。なんともふしぎな名前の町ができたのは、いまからおよそ８００年ほど前のことらしい。その頃、平氏の政権に対して源氏が反旗を翻し、日本全国で激しい戦闘が繰り広げられていた。源平合戦だ。この戦いで源氏は勝利を収めて、源頼朝を中心とする鎌倉幕府が成立するのだが、**敗戦した平氏の武士や役人、関係者は各地へと逃げ延びていった。**

だから日本のあちこちで平家の落人伝説が語りつがれていて、「ここは平家の残党の子孫の村だ」「平家ゆかりの踊りや刀剣などが伝わっている」といった話は実に多い。

そんな落人のひとりが、日下但馬守だった（湯浅但馬守という説もある）。彼はまだ幼い平家の姫のひとりを連れて、那賀川の中流域のこの地まで逃げてきたのだという。ここまで来てようやく源氏の追っ手を撒き、腰を落ち着けることができたのだ。

安心した日下但馬守はこの地を開拓し、集落を築き、姫を18歳まで育て上げたという。そこから「十八女」が地名になったそうだが、これを「さかり」と読む理由についてはまったく不明なのだとか。

「鬼も十八　番茶も出花《でばな》」という古いことわざがある通り、昔は**「18歳になれば鬼だって美しく魅力がある。番茶も淹れたてが香り高いものだ」**という風潮だった。平均寿命が短いこともあってか、18歳の頃が「女盛り」と考えられたのだ。そこから「十八女」という地名が成立した……というのも、後年の推測にすぎない。

十八女町の道路標識（©Mti）

058

【島根】

末明《ほのか》

末明の頃にこの地を通過した歴史的人物とは？

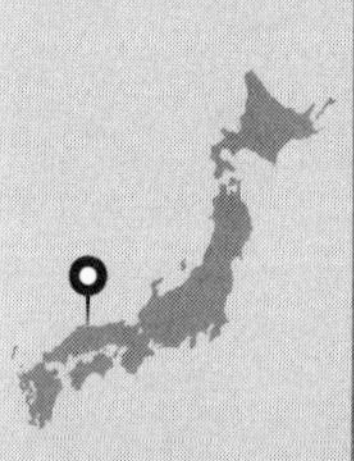

なんとも幻想的な地名だ。「末明」と書いて「ほのか」と読ませるこの地は、山の合間に水田が広がっていて、なんとも緑鮮やかだ。その緑に守られるように昔ながらの家屋が点在している。美しい集落だ。

　1332年（元弘2年）、そんな場所を通りがかった人物がいる。**後醍醐天皇《ごだいごてんのう》**だった。彼は鎌倉幕府の打倒を目指して兵を挙げるが失敗、捕らえられてしまう。そしてクーデターの「主犯」として廃位され、京から隠岐島《おきのしま》へと流刑に処されることになった。そのいわば護送ルート上のことである。**夜がしらじらと明けはじめたのを見た後醍醐天皇は、**

「ほのかに明けたり」

と呟いたという。未明の時間にそんなセリフを発したことから、そのとき一行が通過していた場所が「末明」と名づけられたのだそうだ。

　なお後醍醐天皇は流刑にもめげず、隠岐を脱出して鎌倉幕府を滅ぼし、南朝を立ち上げている。夜はきっぱりと明けたのだ。

後醍醐天皇

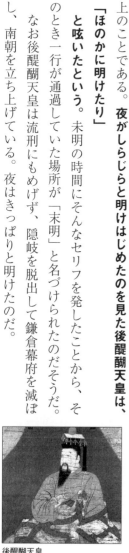

059

【静岡】

金《きん》玉《たま》落《お》としの谷《たに》

過酷な戦闘訓練が行われた場所だったが……

現在の静岡県菊川市にあった横地城《よこちじょう》は、室町時代に築かれて以降、長年この地域を治める拠点だった。その城主である歴代横地氏の中には、ずいぶんと練兵に熱心な人がいたらしい。兵士たちにさまざまな特訓を課していたのだ。そのひとつはなかなかにハードなものだった。**谷底で構える兵士に向かって、そのはるか頭上、山の上にそびえる横地城の二の丸から、金色の玉を放り投げるのだ。**この玉を山中から探して見つけ、いち早く城へと駆け上がった兵士に褒賞が与えられた。そんな故事から、横地城跡地の一角が、いまも「金玉落としの谷」という地名になっている。地域では4月の桜まつりの中で、訓練を模した行事ものどかに行われている。

山岳戦を想定した特訓だったという「金玉落とし」だが、実戦ではあまり役に立たなかったのか、横地城は1476年（文明8年）、今川義忠《よしただ》に攻められて落城している。

金玉落としの谷（写真提供：朝日新聞社）

060

【愛知】

極楽《ごくらく》

ごく普通の住宅街が「極楽」になった理由

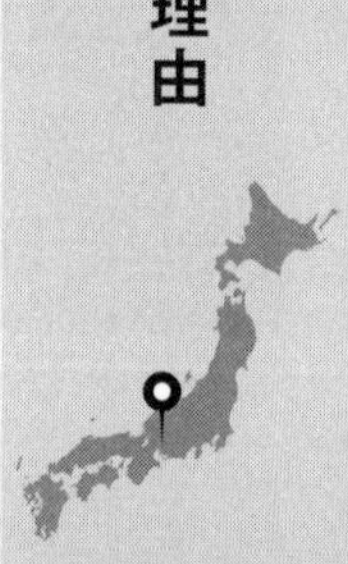

極楽公園、極楽郵便局、極楽保育園……名古屋市東部の一角にはそんな施設が点在する。しかし、そのあたりを歩いてみても平凡な住宅街が広がるばかりで、あまり天上の楽園とは思えない。しかし戦国時代、ここを極楽のようだと感じる人たちがいたのだ。

それは１５８４年（天正12年）のこと。羽柴秀吉と織田信雄・徳川家康の連合軍がこの地で激突した。小牧《こまき》・長久手《ながくて》の戦いだ。**その激闘を逃げ延びてきた兵士たちが、ひと息ついたのがこのあたりだった。**戦いの気配もなく平和な風景を見て、兵士たちは「極楽だ」と呟いたのだという。

異説もある。現在の名古屋市の西部はかつて、木曽川や庄内川がたびたび氾濫を起こす湿地帯だったという。とうてい暮らしてはいけず、東へと移住した人々がいた。彼らはやや丘陵地となっているここに腰を落ちつけ「山深からず、水多からず」の極楽だと言い合ったそうだ。

どちらが本当かはわからないが、「ちょっと極楽に行ってくる」と言って、一度は訪れてみたい街である。

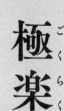

061

【東京】

泪橋《なみだばし》

「あしたのジョー」の舞台となった橋の由来とは？

「日雇い労働者の町」山谷《さんや》の一角。明治通りと旧日光街道が交わる場所が、泪橋交差点だ。いまでは高齢化した労働者たちがわずかに行き来する寂しい場所だが、かつてここには思川《おもいがわ》という川が流れていて、橋が架かっていた。

そしてその橋を、涙を流しながら渡る人の姿があった。重い罪を犯した罪人である。**向かう先は小塚原刑場だ。**磔《はりつけ》、獄門、火あぶりといった残酷な刑が執行される場所だ。橋を越えれば生きて戻れることはない。**だから罪人は涙ながらに橋を渡ったのだ。**そこからこの橋は「泪（涙）橋」と呼ばれるようになった。

泪橋は名作漫画「あしたのジョー」にも登場する。主人公のジョーは泪橋の下にある丹下段平のジムで、ボクシングの特訓をするのだ。しかし作品の連載がはじまった１９６８年（昭和43年）には、すでに橋はない。思川は明治通りの敷設工事で姿を消し、いまは暗渠《あんきょ》になっている。泪橋も交差点の名前に残るばかりだが、「ジョー」の舞台として多くの人の心に焼きついている。

062

【東京】

弥生《やよい》

「弥生時代」はこの町から生まれた

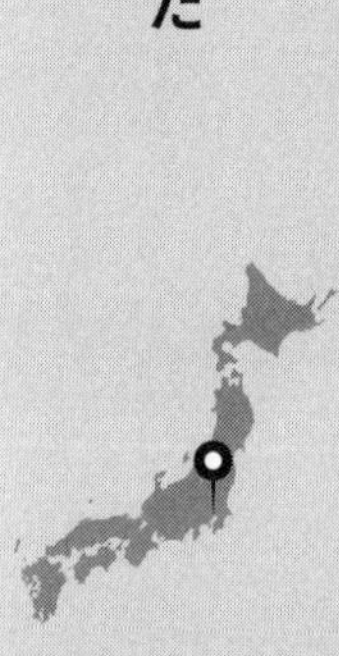

東京大学のキャンパスが広がっている東京文京区の弥生町。江戸時代は水戸藩徳川家の広大な屋敷があった。その敷地の中に、水戸藩の第9代藩主にして、「最後の将軍」徳川慶喜《よしのぶ》の父、徳川斉昭《なりあき》が詠んだ歌の歌碑が立っていたそうだ。

「名にしおふ　春に向ふが岡なれば　世にたぐひなき　はなの影かな」

という歌で、**弥生（3月）の頃に詠まれたという。**これにちなんで、1872年（明治5年）、この地は「弥生」と命名された。

その12年後、1884年（明治17年）のことだ。**弥生町の貝塚から、きわめて特徴的な土器が発掘された。**穀物の貯蔵や調理に適しており、それまでに発見された縄文時代のものよりも、さらにシンプルで実用的だった。明らかに時代の変化を感じさせるこの土器は、地名から「弥生式土器」と名づけられた。そしてこの土器が普及していた時代を、弥生時代と区分するようになる。

つまり、もし徳川斉昭が歌を詠んだのが5月だったら、弥生ではなく「皐月時代」となっていたかもしれないのだ。

063

【東京】

半蔵門《はんぞうもん》

あの忍者、服部半蔵が警備していた

東京の中心部に位置する皇居には数多くの門が設置されているが、西端にあるのが半蔵門だ。かの服部半蔵から名づけられたと言われている。アニメの影響か「忍者」という印象が強い半蔵だが、実際のところ**徳川家を守護する武将のひとり**で、その配下に忍びの者もいたにすぎない。そんな**武家である服部家の歴代当主が「半蔵」を名乗るしきたりだった。**いわば「服部半蔵」は世襲制なのだ。

徳川家康からの信頼が厚かったのは、**2代目の半蔵、服部正成《まさなり》**だ。そのため正成は家康が築き上げた江戸城の中でも、とくに重要な西側の守備を任せられ、門の外に屋敷を構えた。というのも、もし敵の襲撃があった場合、**徳川将軍はこの門から出て西に向かい、甲州街道を通って天領（幕府の直轄地）である甲府へと向かう手はずだった**からだ。幕府トップの「逃走経路」の警護を担った服部半蔵にちなんで、いつしかこの門は半蔵門と呼ばれるようになっていく。江戸城が皇居になったいまでは、地下鉄駅などの名前にもなっている。

半蔵門（©KENPEI）

064

【東京】

八重洲《やえす》

江戸初期に活躍したオランダ人に由来

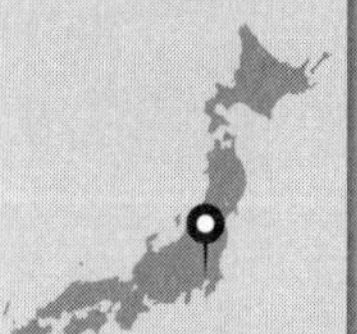

1600年（慶長5年）、豊後（現在の大分県）の黒島に、オランダの商船が漂着した。リーフデ号だ。ロッテルダムを出港し、大西洋から太平洋へ5隻の船で航海していたが、嵐に見舞われ互いを見失い、リーフデ号だけがかろうじて日本にたどり着いたという。

この船の航海長が、**ウィリアム・アダムス**だ。彼はイギリス人だが、リーフデ号に乗り込む貿易商でもあり探検家でもあった。救出後、アダムスは徳川家康に謁見。その経験と知識を見込まれた。江戸幕府の外交顧問や通訳として重宝され、**「三浦按針《みうらあんじん》」という名前も与えられた**ことで知られる。

そんなアダムスばかりが有名だが、**ともに乗っていた航海士ヤン・ヨーステン**もまた、日本で助けられてからは幕府の仕事に従事した。おもに日本と東南アジア諸国との貿易を担当し、アダムスと同じように日本人と結婚。そして本名の響きから**「耶楊子《や・ようす》」**と名づけられた。

彼の屋敷があったのが、江戸城の東、内堀沿いのあたりだ。**いつしかその近辺の商業地は「耶楊子河岸」と呼ばれるようになり、そこから転じて「八代洲」という地名になり、さらに「八重洲」**

と変わっていった。

現在の八重洲は、東京駅のすぐ東側の一帯を指す。首都の玄関口ともなっているこの地名が、実はオランダ人に由来していることを知る人は少ない。そしていまも東京駅の八重洲地下街には、ヤン・ヨーステンの記念像がひっそりと置かれている。

ちなみに三浦按針の屋敷があった日本橋のそばは「按針町」と呼ばれたが、昭和に入ってから地名としては消えてしまった。しかし日本橋三越の向かい側にある路地は、現在でも按針通りという名前が残り、親しまれている。

ヤン・ヨーステンの記念像

065

【東京】

六本木《ろっぽんぎ》

6本の松の木か、6つの大名屋敷か

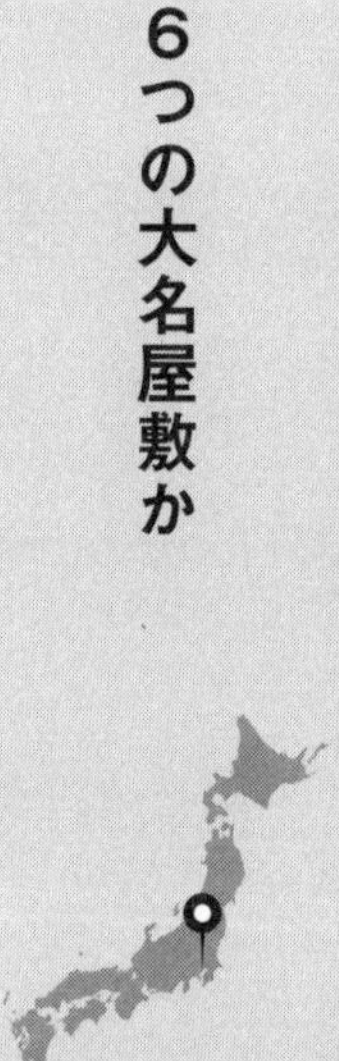

日本全国に「〇本木」という地名があるが、多くは「そのあたりに立っていた大木や古い木の本数」に由来しているという。東京有数の繁華街である六本木もそんなシンプルな地名だったと考えられている。**6本の松の木がひときわ目立っていたことから六本木と呼ばれるようになった**そうだが、江戸時代までは飯倉《いいぐら》六本木町と龍土《りゅうど》六本木町というふたつの小さな集落があっただけだった。

そんな六本木に陸軍の拠点が置かれたのは明治時代のことだ。兵士たちの街として発展してきたが、その基地が第2次世界大戦後、進駐してきたアメリカ軍に接収されるのだ。そこから米兵の街、外国人で賑わう街になっていったというわけだ。

なお地名の由来には、もうひとつの話がある。青木氏、一柳氏、上杉氏、片桐氏、朽木氏、高木氏、6人の大名屋敷があったことに由来するというものだ。全員「木」にまつわる苗字である。そこから六本木の地名が生まれたともいわれるが、こちらはどうも俗説らしい。

066

【東京】

乃《の》木《ぎ》坂《ざか》

明治の軍神から令和のアイドルへ

すっかりアイドルグループの名前として定着した乃木坂は、東京・港区に実在する坂だ。外苑東通りから東に分岐し、赤坂へとゆるやかに下っていく坂のことだが、名前の由来となったのは明治時代の軍人、**乃《の》木《ぎ》希典《まれすけ》将軍**だ。日露戦争で旅順攻撃を指揮したことで知られるが、彼が住んでいたのがこの坂のあたりだったのだ。

しかし1912年（大正元年）、乃木将軍は明治天皇の崩御にともない、夫人とともに自ら殉死してしまう。すると、その死を悼む人々が次々と弔問に訪れたという。**これを見た地元赤坂の議会が、乃木宅そばの坂を乃木坂と命名する。**さらに1923年（大正12年）には、乃木将軍夫妻を祭神とする乃木神社が創建され、やがて乃木坂は地域や地下鉄駅の名前としても定着していった。

その乃木坂に面して、SME乃木坂ビルが建っている。ここを、最終オーディション会場にして結成されたのが、「乃木坂46」だ。

実際の乃木坂（©Momotarou2012）

067

【静岡】

新幹線《しんかんせん》

戦前戦後の高速鉄道の歴史を刻む

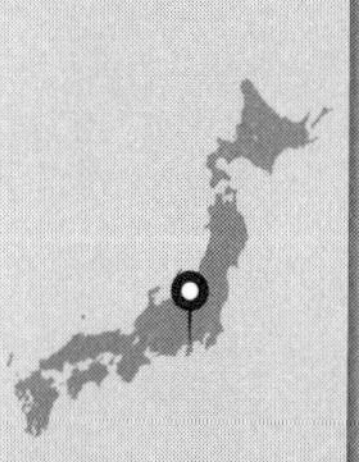

戦時中の１９４１年（昭和16年）、東京からはるか下関を結び、さらには朝鮮半島、中国大陸までも貫く高速鉄道の工事が始まった。「弾丸列車」である。しかし戦局の悪化によって計画は中止となり、やがて敗戦を迎えるのだが、これが戦後に開発される新幹線の下地となった。

東京と大阪を結ぶ東海道新幹線の工事では、弾丸列車のためにつくられたトンネルなどが流用されることになったが、静岡県の新丹那《しんたんな》トンネルもそのひとつ。熱海と三島の間に横たわる山を貫通するもので、これを再利用して新幹線を通すことになった。

その工事を行うスタッフたちの宿舎が置かれたのが、現場から西に位置する函南町《かんなみちょう》だ。**宿舎の近辺はいつしか新幹線と呼ばれるようになり、それが地名にもなっていった。**住所は「静岡県田方《たがた》郡《ぐん》函南町上沢《かみさわ》新幹線」である。いまでは小さな集落だが、「新幹線公民館」もある。

東海道新幹線用に造られた初代新幹線

068

【北海道】

歯舞《はぼまい》

ソ連侵攻の混乱の中で変わっていった名前

北方領土のひとつ歯舞諸島は、戦時中まで珸瑤瑁《ごようまい》諸島という名前だった。これはアイヌ語の「コイ・オマ・ィ（波間にある地）」から来ているそうだ。あるいは島々の中心となる水晶島にちなんで「水晶諸島」とも呼ばれたが、こちらはアイヌ語のシィショ（大きな磯）が語源。おもにアイヌの人々の漁場だったが、江戸時代末期からは和人による開発が進み、明治期にはコンブ漁を生業とする漁村が築かれている。**その珸瑤瑁諸島と、北海道の根室半島からなる歯舞村が設置されたの**が１９１５年（大正４年）のことだ。歯舞とはやはりアイヌ語の「アプ・オマ・イ（流氷のある島）」がもとになっている。

一変したのは終戦直後だ。１９４５年（昭和20年）８月28日から９月５日にかけて、ソ連軍が北海道沖の島々に侵攻。珸瑤瑁諸島も支配下に置かれ、住民たちは根室へと逃れた。この混乱の中、日本を占領したばかりのＧＨＱ（連合国軍最高司令官総司令部）やソ連軍の間で**「諸島名」と「地域名」が取り違えられ、いつしか「歯舞諸島」と呼ばれるようになった。**以降、ロシアの統治下にある。なお、２００８年（平成20年）に正式名称は「歯舞群島」に変わった。

069

【沖縄】

コザ

米軍とともに生まれ、米軍と生きてきた基地の街

太平洋戦争末期、１９４５年（昭和20年）４月のことだ。米軍はとうとう沖縄に上陸。越來《ごえく》村《そん》という村の近くに陣地を築くと、これを「キャンプ・コザ」と名づけ、沖縄作戦の拠点とした。

これは上陸した米軍が現地の地図をつくるときに、**越來村の胡屋《ごや》集落を「ＫＯＺＡ」と誤って書き入れたからといわれる。**またすぐ近くにある美里村の古謝《こじゃ》の誤表記ではないかという説もあるようだ。いずれにせよそのまま終戦を迎え、米軍占領下の同年9月、キャンプの近辺は「胡差《こざ》市」となった。さらに１９５６年（昭和31年）、**「コザ市」に改称。これは日本初のカタカナ表記の市だった。**以降、嘉手納《かでな》基地を抱える街として、さまざまな問題がありつつも米軍と共存してきた。

１９７４年（昭和49年）になると、市町村の合併に伴い沖縄市の一部となり、コザ市は消滅。自治体の名前からはなくなったが、いまでもコザしんきんスタジアム、コザ中学校など、愛着を持って使われ、地域にはすっかり定着している。

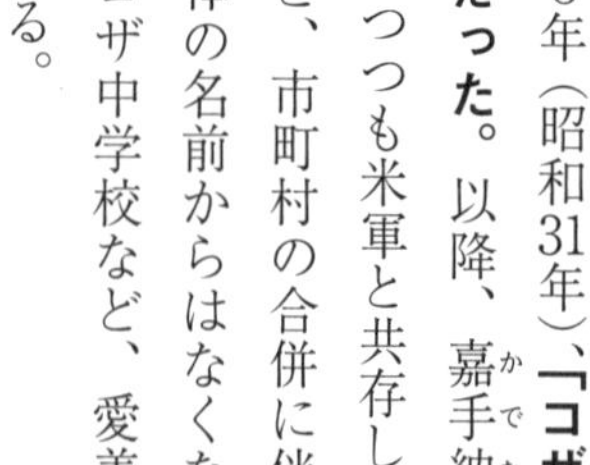

1954年のコザ市（写真提供：朝日新聞社）

［4章］

伝承

から生まれた地名

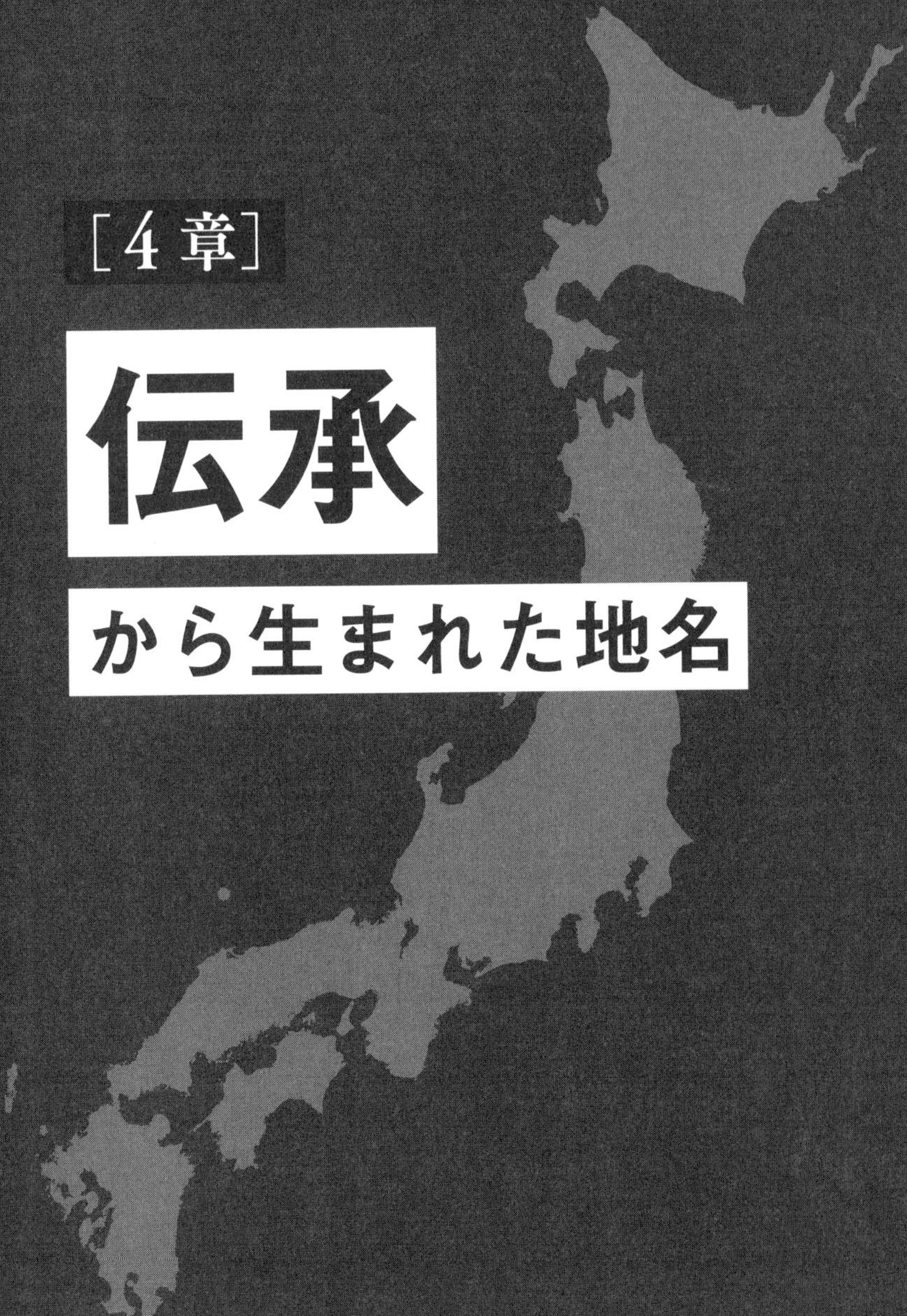

070

【東京】

築地《つきじ》

「東京の台所」が生まれたきっかけは日本最大の大火事

1657年（明暦3年）3月2日。江戸市中を業火が包み込んだ。江戸城や市街地の大部分を焼き尽くし、死者は3万とも10万とも語られる。日本史上でも最大規模の火災として知られる、**明暦の大火**だ。

焼け野原となった江戸では、すぐに復興計画が進められていく。その一環として、焼失してしまった浅草の本願寺《ほんがんじ》は、八丁堀の近くへと移転が決まった。とはいえ、**幕府から与えられたのは「海」だった。**自分たちでその海を埋め立てて、新しい寺の敷地とせよ、という過酷な命令だったのだ。

寺の信徒たちによる工事は難航を極めた。埋め立ての前にまず堤防を築く必要があったのだが、海が荒れ、なかな

「明暦の大火」を描いたもの仮名草子の挿絵。当時の江戸の人口の2割を失ったとする資料もある（『むさしあぶみ』浅井了意／1661年）

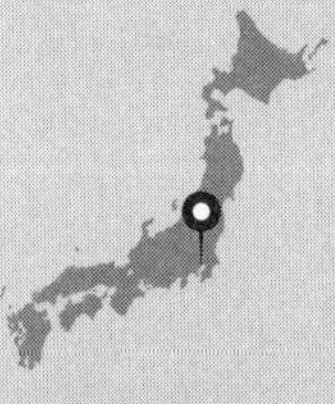

か思うようにいかない。そんなとき、沖合から流れてきたのは稲荷神のご神体。これはと思って拾い上げ、神社をつくって祀ったところ、波風は途絶えて工事は順調に進んだという。

こうして埋め立てられ、**新しく築いた土地であることから、「築地」と名づけられ、そこに本願寺も再建された。**１９３４年（昭和９年）には、本堂が古代インド風に建て替えられ、いまも築地のシンボルとなっている。

１９３５年（昭和10年）には中央卸売市場が開場。それからずっと東京の台所を支え続けてきた。市場のすぐそばには波除稲荷《なみよけいなり》神社があり、難工事を見守った稲荷神が祀られている。

２０１８年（平成30年）には、卸売市場の機能はさらに新しい埋め立て地である豊洲に移ったが、江戸っ子にとっては市場と言えばいまも築地のことなのだ。

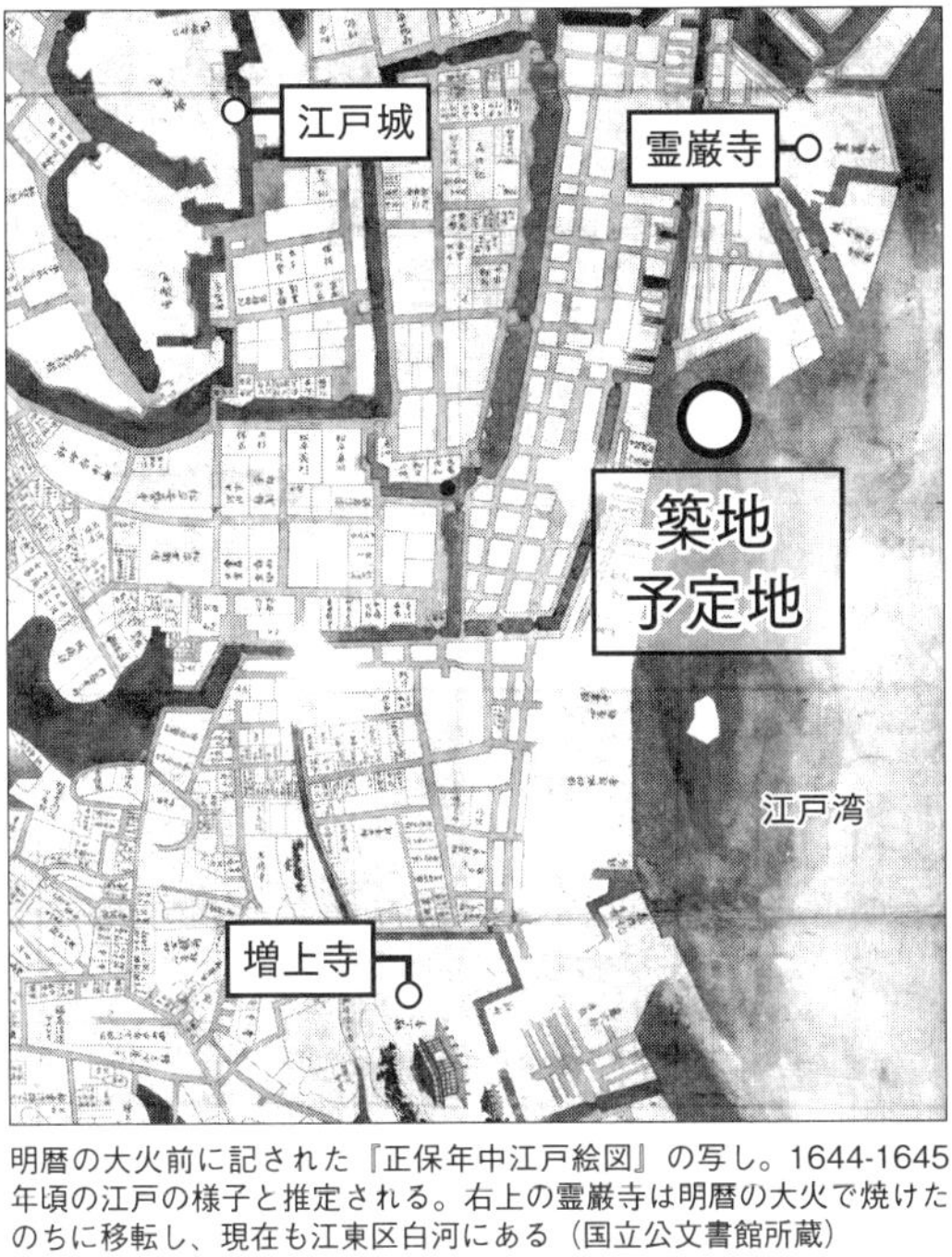

明暦の大火前に記された『正保年中江戸絵図』の写し。1644-1645年頃の江戸の様子と推定される。右上の霊巌寺は明暦の大火で焼けたのちに移転し、現在も江東区白河にある（国立公文書館所蔵）

071

【長野】

接待《せったい》

中山道《なかせんどう》の旅人をもてなした峠の休息所

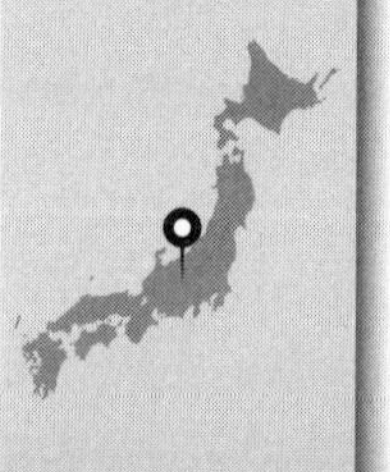

江戸と京を結ぶ中山道およそ135里（約500キロ）の中でも、大きな難所が和田峠《わだとうげ》だった。標高1531メートル、信濃の険しい山中を行くルートで、冬場は雪も深く、旅人を苦しめた。峠越えの道中は、東の和田宿から西の下諏訪宿《しもすわしゅく》まで5里18町（約22キロ）もの距離があるが、この間に宿場町はおろか休む場所もなかった。人も馬も、和田峠を越えるのは必死だったのだ。

見かねたのは江戸呉服町の商人、**加瀬屋《かせや》与兵衛**だった。彼は**街道の交通を管理する道中奉行所に対して、和田峠に「施行所」つまり休憩所をつくるよう申し出たのだ。**それも、自らが幕府に千両を貸し付け、その年間利息の百両で運営してほしいという、まさにボランティアのようなものだった。

こうして1828年（文政11年）、施行所は開設された。旅人たちを出迎え、食事を提供して疲れを癒し、まさに「接待」をしたわけだが、それがそのまま地名になった。現在、接待の地には往時を偲ばせる施行所が再建され、ドライブがてら立ち寄る人も多い。

072

【山梨】

休息《きゅうそく》

旅の途中で休息したのは、あの人物

ぶどうの名産地として有名な山梨県勝沼町。ぶどう畑が広がり、直売所やワイナリーなどが点在する街並みの中に、足を止めたくなる集落がある。「休息」だ。いったいどうして、こんな地名がついたのかと思うが、その昔ここでひと休みした旅人にあやかっているらしい。その人とは、かの**日蓮**《にちれん》だ。

鎌倉時代を代表する、仏教の高僧である。彼は生涯をかけて自らが興した独自の仏教、日蓮宗の布教に努めたが、その旅の中で当地を訪れた。文永年間（１２６４〜１２７５年）のことだという。そして休息がてら仏の教えを説いたのだが、感じ入ったのは真言宗を信奉していた金剛山胎蔵寺の住職だ。**感銘を受けるあまり日蓮に弟子入りし、日蓮宗に改宗して、寺の名前を休息山立正寺と改めたそうだ。**

立正寺はいまもぶどう畑の中に佇んでいる。ぶどう狩りの休息がてら、のぞいてみてはどうだろう。

山梨県の「休息山立正寺」本堂（©Sakaori(talk)）

073

【岐阜】

昼《ひる》飯《い》

あの有名寺院のご本尊を運ぶ道中で、昼食休憩した場所

なんともお腹が減ってきそうな街だ。実際、ここはランチにちなんだ地名なのである。昼食をとったのは**本田善光《ほんだよしみつ》**という人物だ。

話は遠く飛鳥時代にさかのぼる。彼は難波（現在の大阪府）の海で、打ち捨てられていた仏像を見つけるのだ。その時代、大陸から伝来したばかりの仏教を受け入れるか、あるいは排除するかで日本は揺れていた。仏像はどうも「廃仏派」の物部《もののべ》氏によって捨てられてしまったものらしい。

本田氏が拾い上げてみれば、なんとも立派で神々しい。**そこで故郷の信濃（現在の長野県）に祀ろうと、仏像を持って帰路についた。**

難波から東に進み、深い山へと分け入っていく旅だ。季節はちょうど新緑の頃、本田氏一行はつ

打ち捨てられた仏像を見つけた本田善光（『善光寺小誌』1930年）

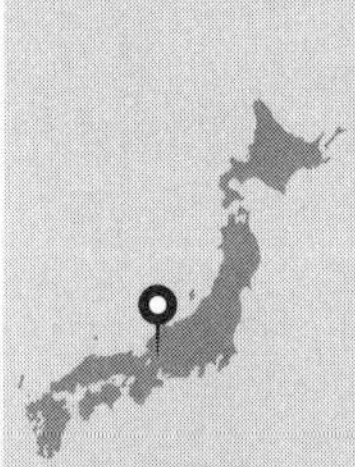

つじの花が咲き乱れる場所に出た。**その風景に見とれ、ではひと休みしようかと昼食をとったことから、ここが昼飯という地名になったのだそうだ。**

当初は「ひるめし」と読んでいたが、それではちょっと浅ましいのでは、と「ひるいい」に変化し、でも発音しづらいことから今度は「ひるい」に略された……と伝わる。

なお仏像は、無事に信濃の地に安置され、寺が建てられた。６４４年（皇極天皇３年）のことだ。本田氏の名前を取り、**善光寺《ぜんこうじ》**と名づけられ、いまも多くの参拝者を集めている。

この仏像は一説によれば日本最古のもので、**「秘仏」とされ住職でも見ることができない。**７年に一度の「ご開帳」のときだけは披露されるが、これも「前立本尊《まえだち》」という、いわばレプリカが公開されるだけだ。なお次回のご開帳は２０２１年の予定だったが、コロナ禍により２０２２年に延期されている。

長野県・善光寺本堂（©Tomio344456）

074

【山形】

無音《よばらず》

幻想的な地名を生んだ、龍神伝説

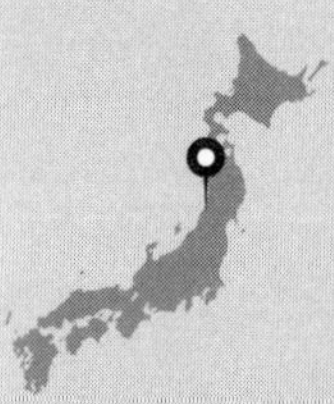

地平線まで田が広がる、庄内平野の真っ只中である。すでにあたりは音もなく静まりかえり、ささやかな集落があるばかり。まさしく無音なのだが、そんな環境から生まれた地名ではない。ある伝承がもとになっている。

その昔、この近辺には田畑ではなく沼が広がっていたのだそうだ。そして村人たちは、どこへ行くにも船を使う毎日だった。しかし**船を漕ぐときには、できるだけ静かに、音を立てない決まりがあった。**というのも、沼にはヌシである巨大な龍が棲んでいるからだ。その龍は騒音を嫌った。音を立てると激怒し、船をひっくり返すこともあるという。**だから村人はそろそろと船を進め、なるべく音を立てず無音で、龍を「呼ばらないように」沼を渡った……。**

こんな謂《いわ》れから「無音」と書いて「呼ばらず」と読む集落になったと伝えられている。現在でも静かな無音だが、どこかに龍が息をひそめているのかもしれない。

075

【千葉】

木更津《きさらづ》

神話ロマンか、単なる作り話か？

『古事記』や『日本書紀』で語られる伝説の人物・日本武尊《やまとたけるのみこと》は、東の地を平定すべく旅に出る。その道中のことだ。一行は走水《はしりみず》（現在の神奈川県横須賀市東部）へとやってきた。

ここから東京湾を横断しようと船を出したのだが、海は荒れに荒れた。船は激しく揺れ、このままでは難破するやに思われたとき、弟橘媛《おとたちばなひめ》が立ち上がる。日本武尊の妃だ。**彼女がその身を海に投げると、激しい波浪は鎮まり、無事に対岸へと上陸することができた。**

しかし、愛する妃を失った日本武尊は、そこから立ち去ることができず、海を見つめ続けた……そんな**「君（日本武尊）、去らず」の地**であることから、一行の上陸地点は「きさらず」と名づけられ、やがて木更津という漢字が当てられたといわれる。

神話の英雄の悲恋なのだが、これは江戸時代の俳人・菊岡沾涼《きくおかせんりょう》が地誌『江戸砂子《えどすなご》』の中で書いた創作に過ぎないという説もある。

海に身を投げる弟橘媛（『前賢故実』より）

076

【東京】

雨《あめ》降《ふ》り

雨を願った人々の喜びが込められている

奥多摩駅を出発した西東京バスは、これが本当に東京だろうかと思うような深い山の中を走っていく。国道411号を西に向かい、いくつものトンネルを抜けると、やがて奥多摩湖が見えてくる。人工的に造成された巨大な貯水池だ。その北側をバスは走る。

やがて峰谷《みねだに》橋の手前で北に折れると、谷の底を走る狭い道へと入っていく。峰谷川に沿うように道はうねり、ときどき小さな集落を通り過ぎる。そして山肌にへばりつくような民家がいくつか並んでいるあたりで、バスは停まる。ここには「雨降り」という、なんとも情緒ある名前のバス停が立っているのだ。

この地名には、古くからこの地に暮らす人々の思いが込められている。その昔このあたりがひどい日照りに見舞われ、作物が実らず、苦しんだことがあったのだという。**そこで村人たちは、山中にある滝に雨乞いをして祈ったそうだ。するとようやく雨が降り、人々は救われた。**そんな言い伝えから、「雨降り」の地名ができたということだ。

雨乞いに由来する地名は、日本各地に点在している。例えば「雨乞岳《あまごいだけ》」という山は、山梨県、滋賀県、山口県、大分県にある。茨城県には「雨引《あまびき》山《さん》」があり、やはり雨乞いを行う地だった。山形県の「雨呼山《あまよばりやま》」も同様だ。

雨乞いの舞台がいずれも山であるのは、雨や雲をもたらす神が山にいると考えたのか、あるいは天に少しでも近づいて願いを聞き届けてもらおうと、山に登って祈ったためだろうか。

インフラの発達した現代と違い、大昔は日照りが続けばすぐ飢饉につながった。だから古代の人々は必死に雨を求めたのだ。その思いが、地名にも残っている。

滋賀県の雨乞岳。「雨乞い」に関する地名がいずれも山に近い場所であることには意味があるのかもしれない（©Alpsdake）

077

【山梨・静岡】

富士山《ふじさん》

日本一の山なのに、名前のルーツは諸説紛々

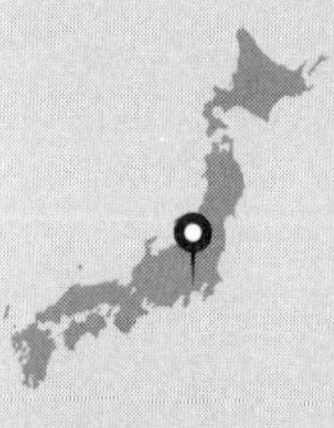

日本の象徴、富士山。実に堂々とした名前なのだが、**その由来は諸説入り乱れていて、よくわかっていない。**

文献に出てくる最古の記録は、713年（和銅6年）に編纂がはじまった地誌『常陸国《ひたちのくに》風土《ふど》記《き》』だという。常陸国の筑波山と、駿河国の**「福慈岳」**を比較する一説があるのだが、これが富士山だと考えられている。

その後『万葉集』では**「不二山」「不尽山」**とも表記されている。「この世にふたつとない山」「尽きることない大きさの山」「残雪が尽きない山」といった意味だというが、ほかに「布士」「布自」という漢字を当てている文献もある。

平安時代に成立した『竹取物語』がルーツという説も。主人公は日本人なら誰でも知っている、竹から生まれたかぐや姫だ。美しく成長したかぐや姫は、やがて帝から求婚されるのだが、その申し出を受けることはできなかった。かぐや姫は月の世界の住人だったからだ。泣く泣く月へと帰る別れ際、かぐや姫は帝に不老不死の秘薬を手渡し、去っていく。しかし帝は、永遠の

命を得る機会を自ら捨てるのだ。かぐや姫とともに過ごせない人生に意味はないと、**月に最も近い山に登って、山頂で不死の薬を焼いてしまう**……そこから不死山と名前がついたのだとか。

さまざまな漢字が当てられてきたが、武家の力が強くなった鎌倉時代に、**「士（つわもの、さむらい）」**に**「富む山」**へと変わり、「富士山」が定着したという。

珍説としてはマレー語の「プジ（すばらしい、褒める）」とか、アイヌ語の「フチ（火）」「フンチ（火山）」が「フジ」になったというものもあるそうだ。

河口湖から見た富士山

078

【京都】

八坂《やさか》

古代から続く京都有数の心霊スポット？

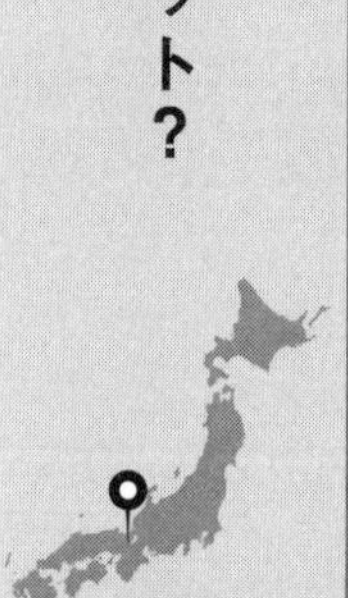

京の東山《ひがしやま》ではかつて、**霊魂を鎮める儀式が行われていた**という。人に害なす霊をも含めて、あらゆる魂を安らかにするものだ。だから**東山の山麓は「安息処」と呼ばれるようになっていく。「やさか」と読んだ。**そこに「八坂」という漢字が当てられ、いまに至っている……そんな説がある。

八坂とは「たくさんの坂」を意味する、土地の形状由来の名前だという意見もある。確かに山麓だけあって坂が多い。だが**古代の日本では、坂とは「境界」でもあった。**坂の上と下、この世とあの世、現世と異界を結ぶ場所。そんな坂がたくさんあることで名づけられた八坂は、古代から神聖視されてきたのだという。

どちらの説でも八坂が霊的な地であることは確かなようだ。この地に建立された祇園社（↓P65）は、地名から八坂神社と改名されたが、やはり京都を代表する神と霊との場所だといわれる。

京都・東山にある法観寺の八坂の塔
(©663highland)

079

【大阪】

十三《じゅうそう》

いったいなにが「13番目」だったのか

淀川《よどがわ》の北側に位置する、庶民的な歓楽街・十三。数字がそのまま地名になっている場所は日本でも珍しい。これは古代日本の区画制度である**「条里制《じょうりせい》」**がもとになっているといわれる。一町（約１０９メートル四方）を基本単位として土地を区分していき、東西を一里、二里、南北を一条、二条と定めたものだ。**基点となる西成《にしなり》郡の飛田《とびた》から、ここが北にちょうど13条目だったことに由来しているという**。十三の東北、同じ淀川区には「十八条」という街もあり、やはり条里制からはじまった名前だ。

また、淀川の渡し場のうち、上流から数えて13番目のものが設置されていたからという説も語られている。

戦死者などを弔う、十三の塚があったからだともいわれる。これは日本の古い風習で、ひとつの大きな塚と残りの小さな塚からなる。「十三塚」は全国各地にあり、大阪の十三もそのひとつではないかといわれるが、真偽は不明だ。

080

【長崎】

壱《い》岐《き》

古代、この島から日本人は大陸へと「行った」

玄界灘《げんかいなだ》に浮かぶ、大陸への玄関口である。だから壱岐は古代から、日本と朝鮮半島・中国を結ぶ交通の要衝であり、また文化の交差点でもあった。この島から数多の船が漕ぎ出していったことだろう。その様子から、**大陸へと「行く島」が地名のもとになったともいわれる。**

また『万葉集』には「由吉能之麻《ゆきのしま》」と記されており「いき」と「ゆき」、ふたつの呼び方が見られるが、根はやはり「行き」にあるようだ。

やがて7世紀に成立した律令制によって壱岐国が制定されてから、「壱岐」という名が広まっていった。

この壱岐こそが、『魏志倭人伝《ぎしわじんでん》』に記述のある一大國（一支国《いきこく》）ではないかといわれている。島の南東部にある原《はる》の辻《つじ》遺跡が、一支国の首都とも考えられており、日本最古の船着場の跡や、祭祀跡、大陸や朝鮮半島の土器や鏡などが出土している。壱岐は古代から、国境の島だったことを物語っている。

壱岐島にある猿岩（©Asanagi）

081

【京都】

間人《たいざ》

聖徳太子の母親が名づけた丹後半島の村

6世紀、日本は伝来したばかりの仏教をめぐって、大きく揺れていた。仏教を受け入れるか否か、「崇仏派」の蘇我《そが》氏と、「排仏派」の物部《もののべ》氏が激しく争っていたのだ。蘇我氏と共闘していたのは、聖徳太子だ。彼はこの紛争から母である**間人皇后**《はしうどこうごう》の安全を守ろうと、丹後《たんご》の地へと逃がした。その後、争いは蘇我氏の勝利で終わる。皇后も飛鳥へと戻ることになったのだが、しばらく過ごしたこの地が気に入り、一句詠んだ。

「大浜の　里に昔をとどめてし　間人村と　世々につたへん」

こうして村に自らの名「間人」を与えたという。

恐縮したのは住民たちだ。いくら「間人」が地名になったとはいえ、高貴なお名前をそのまま呼び捨てにするのはあまりに畏れ多い。それなら、**皇后が当地を「ご退座」されたことにちなみ、間人と書いて「たいざ」と読むようにしよう……**こうしたいきさつで、有名な難読地名が生まれたといわれる。

間人にある間人皇后・聖徳太子母子像
（©VinayaMoto）

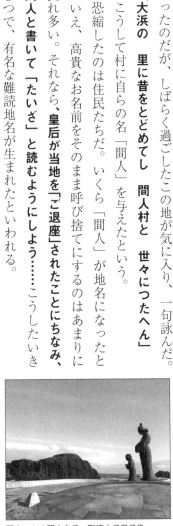

082

【青森・岩手】

一戸《いちのへ》〜九戸《くのへ》

一戸から九戸まであるのに、ひとつだけ欠けている数字とは？

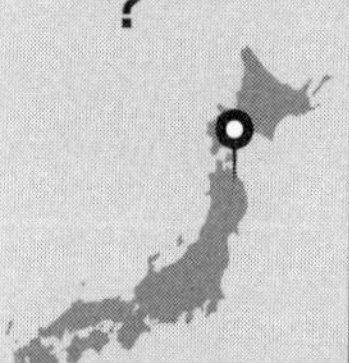

青森県を代表する都市として知られる八戸《はちのへ》だが、ほかに一戸《いちのへ》から九戸《くのへ》まで数字のついた街があることはあまり知られていないかもしれない。八戸の周辺、青森県南部から岩手県北部にかけて「戸」地名が点在しているのだ。

このあたりは平安時代、糠部《ぬかのぶ》郡という地域だったそうだ。そこをさらに細かく9つの地区に分けたときに、一戸から九戸まで町名が定められたという。

「戸」は単に集落、地区という意味なのだが、異説もある。その時代、糠部は馬の産地として有名で、**「戸」とはもともと年貢としての馬を育てる牧場を表していたという話**。また平安時代は、中央政権に与《くみ》しない蝦夷の人々が東北地方にはたくさんいたが、**彼らとの戦いに備えた砦を「戸」と呼んでいた……そんな説もある。**

ちなみに現在では「四戸」だけ存在しない。1366年（正平21年）の「四戸八幡宮神役帳」という文書では確認できるが、それ以降になくなってしまった。「四」は「死」に通じ、不吉だからという説もあるが、詳しいことは伝わっていない。

083

【静岡】

鍵穴《かぎあな》

伝説の名馬「磨墨《するすみ》」が生まれた厩の鍵？

静岡市の西部、藁科川《わらしながわ》に沿って走る県道60号線沿いに、ふしぎな名前の集落がある。鍵穴だ。見渡すと周囲にはすぐ間近に山が迫り、谷間のわずかな平地に茶畑と民家が点在する静かな場所だが、ここには平安時代の伝説が残る。

その頃、藁科川の奥地は馬の山地として有名だったという。中でもとりわけ立派な馬が生まれたと聞きつけたのは源 頼朝《みなもとのよりとも》の配下の者だ。**その求めに応じて馬を献上し、不要になった厩の鍵を捨てたところが、鍵穴と呼ばれるようになったのだとか。**

そしてこの馬は、頼朝から、武将・梶原景季《かじわらかげすえ》に与えられた。磨墨《するすみ》と名づけられて、人馬一体、数多の戦場を駆けた……という話なのだが、磨墨生誕地を名乗る場所も、その墓とされる場所も、実は日本各地にある。いったいどこが真実なのかは不明だ。鍵穴集落の地名についても、ほかに諸説があるようだ。

磨墨に乗る梶原景季（奥）（「宇治川先陣争図」大塚春嶺）

084

【兵庫】

和《わ》坂《さか》

日本有数の超難読地名の移り変わりとは？

JR西明石駅のそばに、和坂という場所がある。もちろん「わさか」なのだが、その昔は**「かにがさか」**と読んでいたという。**平安時代、このあたりの坂に巨大な蟹がいたという伝説があるのだ。**

その大蟹は、坂を通る人を襲うことで近隣の住民を悩ませていたのだが、そこに現れたのが弘法大師《こうぼうだいし》、僧侶の空海だ。彼は法力でもって大蟹を退治し、岩に封じ込めた――。

こんな言い伝えから「蟹坂」という名がつけられたそうだが、ではなぜ「蟹」が「和」に変わったのか。諸説あるが、「和」には「かなえる」「かなう」という意味もある。やや特殊だが「かなう」とも読むのだ。そこから「かなえ」「かに」と一部地域で読み方が変化したのではないか、そして「蟹」と入れ変わっていったのではないか……ともいわれる。

そんな物語は興味深いが、和坂という漢字に「かにがさか」は、あまりにも難読だ。だから和坂は「かにがさか」と「わさか」、ふたつの呼び名が併存してきた。しかしこれでは郵便配達や行政手続き上どうにも不都合だと、**１９７０年（昭和45年）に「わさか」へと正式に変更、**

統一された。

ところが、だ。そのまま大蟹伝説を埋もれさせてしまうのは寂しいと、近年になって地域で声が上がりはじめた。「わさか」と「かにがさか」の両方の名前を持つゆるキャラ「わさカーニ」が誕生して、町おこしのシンボルとなっている。あえて「かにがさか」の名前をつけた保育園もできた。全国的にも珍しい名前の町を残していこうという取り組みが、進められているのだ。

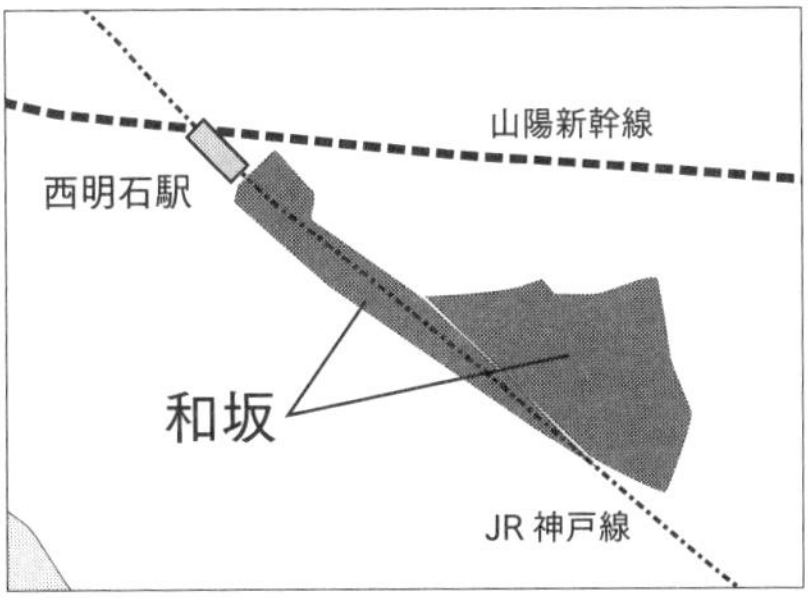

JR 西明石駅を出てすぐに和坂の地が広がる

弘法大師・空海。空海にまつわる伝説は日本のあちこちに残っている

085

【兵庫】

打《うち》出《で》小《こ》槌《づち》町《ちょう》

いまでも伝説の小槌を持った人がいる？

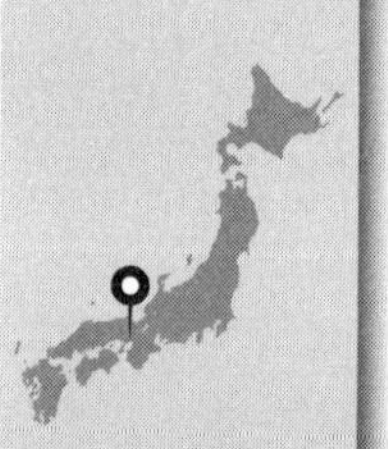

日本の古いおとぎ話のひとつ「一寸法師」には、「打出の小槌」なる道具が出てくる。どんな願いでもかなえてくれて、どんなものでも、金銀財宝でも出してくれるというものだ。「一寸法師」のほかにも、さまざまな説話や物語の中で登場しており、古くから「富の象徴」として描かれてきた。

そして**この神具を手にした男が、現在の芦屋《あしや》のあたりに住んでいたという。**男の持つ打出の小槌はもともと、芦屋の沖合に住む龍神が持っていたものだった。ところが龍神は人に化身して、聖武天皇に小槌を献上。男はこれをどうしてか手に入れて、この地に隠れ住み、豊かな生活を送っていたらしい。そこから芦屋の一部を「打出小槌町」と呼ぶようになったのだ……というが、町名が成立したのは１９４４年（昭和19年）だ。

それ以前、この地域は広く「打出」と呼ばれていた。海に向かって打ち出しているような、波によって運ばれてきた砂礫《されき》が堆積した地形を指すと言われる。また神功皇后《じんぐうこうごう》が朝鮮半島出征の軍を打ち出した、つまり出陣させた場所だとも、あるいは逆に神功皇后を討たんとする軍が挙兵した場所だとも伝えられる。

こうした理由で「打出」という地名が定着していたのだが、**富を呼ぶ小槌の伝説もまた当地には語り継がれており、両者を結びつけて、いかにも縁起の良さそうな地名が誕生した**ということのようだ。

いまでも、夜中に街の地面に耳をつけてみると、どこからか饗宴の声が聞こえるなんて話もある。ここでものを拾うと幸福が訪れるともいわれる。打出小槌町は兵庫でも指折りの高級住宅街として知られる芦屋の一角にあるわけで、どこかに金銀財宝を打ち出す小槌を持った人もいるのかもしれない。

阪神電車・打出駅。駅の北口に「打出小槌町」が広がる

086

【岡山】

宮本武蔵駅《みやもとむさしえき》

日本最強の剣士はこの地に生まれた

中国山地を走る智頭《ちず》急行は、高架が多く眺めが良い。車窓から渓谷を見下ろす鉄道旅が楽しめるのだが、その途中になんともストレートな名前の駅がある。その名も宮本武蔵駅、あの伝説的な剣豪にちなんだ駅なのだ。無人駅ではあるが、鉄道ファンにはよく知られている。人物名がそのまま駅名になっているのはなかなか珍しいそうだ。

1584年（天正12年）、**宮本武蔵はこの地で生を受けたと伝えられている。**幼いうちから剣を磨き、13歳で初の決闘に勝ってから人生無敗、関ヶ原の戦いにも参じている。巌流島《がんりゅうじま》で佐々木小次郎《ささきこじろう》と戦い、勝利を収めたことはあまりにも有名だ。

そんな彼の出生地にあやかり、また町おこしのシンボルとして駅の名前につけられたのだ。しかし実のところ、宮本武蔵は播磨国《はりまのくに》（現在の兵庫県高砂《たかさご》市）に生まれたとする説もある。だが吉川英治《よしかわえいじ》のベストセラー小説『宮本武蔵』では、ここ岡山県美作《みまさか》市出生という説を採ったため、こちらが有名になったのだとか。

宮本武蔵駅の地上待合所（©663highland）

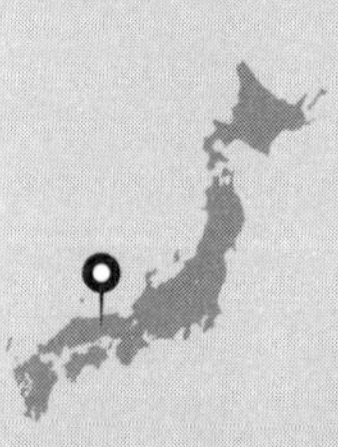

087

【福井】

東尋坊《とうじんぼう》

「自殺の名所」となったのは、ある僧の死が原因か

いまも福井県の北部にある平泉寺《へいせんじ》には、かつて僧兵と呼ばれる一団がいた。これは武装した僧侶のことで、山賊などに襲撃されたときや、寺社同士の勢力争いに力を発揮したが、荒くれ者もまた多かった。**とりわけ東尋坊《とうじんぼう》は手がつけられない悪僧だったという。**怪力の持ち主だったことから誰も口出しできず、悪行三昧だった東尋坊だが、一方であや姫という女性を巡って、僧侶・真柄覚念《まがらかくねん》と対立、常にいがみ合う関係だった。

そんな東尋坊に手を焼いていた平泉寺の僧兵たちは、海でも見に行こうと彼を騙し、日本海を望む険しい岸壁へと連れだした。１１８２年（寿永元年）４月５日のことだと伝えられる。**一行は東尋坊にさんざん酒を飲ませて、泥酔したところを、真柄覚念が海へと突き落とした。**こうして命を落とした東尋坊だが、死後49日もの間、海は荒れに荒れたという。

それからこの崖は東尋坊という名前になった。怪僧の呪いか、断崖絶壁に身を投げる人が後を絶たず、現代では「自殺の名所」とも呼ばれている。

平泉寺にある「東尋坊」の住居跡

088

【石川】

一青《ひとと》

有名歌手のルーツは「霊鳥」の里

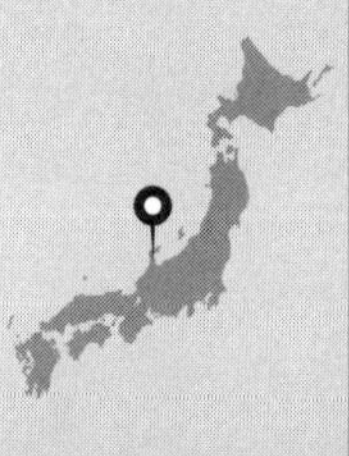

日本人と台湾人のハーフとして知られる歌手、一青窈《ひととよう》さん。実に珍しい名前だが、「一青」は本名だ。彼女は日本人である母親の姓を名乗っている。

その母親の故郷は能登《のと》半島の南、石川県鹿島郡の中能登町だ。ここには一青という地名があり、一青姓の家がたくさんある。**読み方の難しい一青が、この街ではごく普通の存在なのだ。**

のどかな農村である一青にはその昔、湿地が広がっており、鳥たちが羽を休める場所だったそうだ。とくに目立ったのが、ホオジロやホオアカ、アオジなど、ホオジロ属に分類される鳥たちだ。**これらはまとめて「シトド」と呼ばれていたという。**

古代日本でこのシトドは、神秘的な力を持つ「霊鳥」と考えられていた。そのためよく占いに使われた。シトドの動きを見て、吉兆を判断するのだ。だからシトドには**「鵐」**という漢字が当てられるようになる。占いをする巫女の「巫」と「鳥」を組み合わせたものだ。

この地域は、そんなシトドが群れ飛ぶ地だったのだ。そのシトドが訛り、「ヒトト」に変化していく。そして「一青」という漢字が当てられたのだが、理由はよくわかっていない。一説によれば、ホオジロ属のひとつアオジに由来するのだという。この鳥は黄緑がかった毛色だが、その色を古代では「青」と表現した。そこから「一青」という漢字が使われ、「ヒトト」と読むようになったのではないか……そんな説だ。

なんとも謎の多い地名だが、一青窈さんの活躍で全国区になったことだけは確かだ。

ホオジロ（©Alpsdake）

ホオアカ（©ken）

アオジ（©Laitche）

089

【香川】

鬼無《きなし》

「桃太郎伝説」の発端は、あの首相の言葉から？

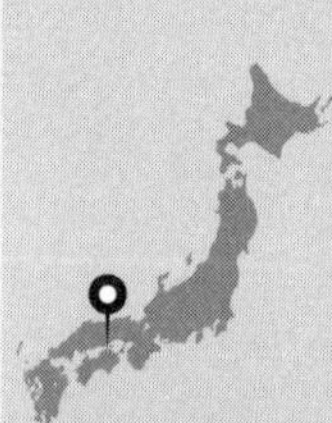

現在の香川県高松市の沖合、瀬戸内海に浮かぶ**女木島**《めぎじま》。そこには鬼が住み着き、日ごろから悪事を働き、人々を困らせていたという。鬼ヶ島である。許すまじと立ち上がった桃太郎と、仲間のキジ、サル、イヌによって鬼たちは成敗されていく。逃げ延びた者もこの地で退治され、**とうとう鬼がいなくなったため、ここを「鬼無」と呼ぶようになった……**「桃太郎伝説」である。

同じような話は日本各地に残されているが、そのひとつである鬼無に、ときの首相・大隈重《おおくましげ》信《のぶ》が訪れたのは1914年（大正3年）のこと。駅頭で演説をしたのだが、その中で大隈は、

「この町は〝鬼がない〟という名前ですが、その地名のように、心の中に鬼を持たない、平和な人でありましょう」

と話したそうだ。感銘を受けたのは地域の小学校に勤めていた橋本仙太郎先生だ。**演説に触発されて郷土史を調べていくうちに、どうも伝説は真実ではないのかと考え、研究に没頭するようになる。**

彼が発表した論文によれば、桃太郎は第7代孝霊《こうれい》天皇の息子である稚武彦命《わかたけひこのみこと》で、鬼とは女

木島を拠点とする海賊だ。お婆さんがドンブラコと流れてきた桃を拾ったのは地域を流れる本津川で、お爺さんが芝刈りに行ったのは近くの芝山で……と、伝説は実在の地名と符合するのだと主張した。

その後１９３１年（昭和６年）、女木島に大きな洞窟が発見され、鬼の棲家ではないのかと橋本説に注目が集まる。桃太郎伝説の地はここだったかと、鬼無には桃太郎神社や、お爺さん、お婆さんにキジ、サル、イヌの墓が建てられ、桃太郎祭りまで行われるようになったが、地名の由来の真相は謎のままだ。

戦前、鉄道省が発行した絵葉書の１枚。女木島の女性を写し、「鬼ヶ島の娘」と書かれている

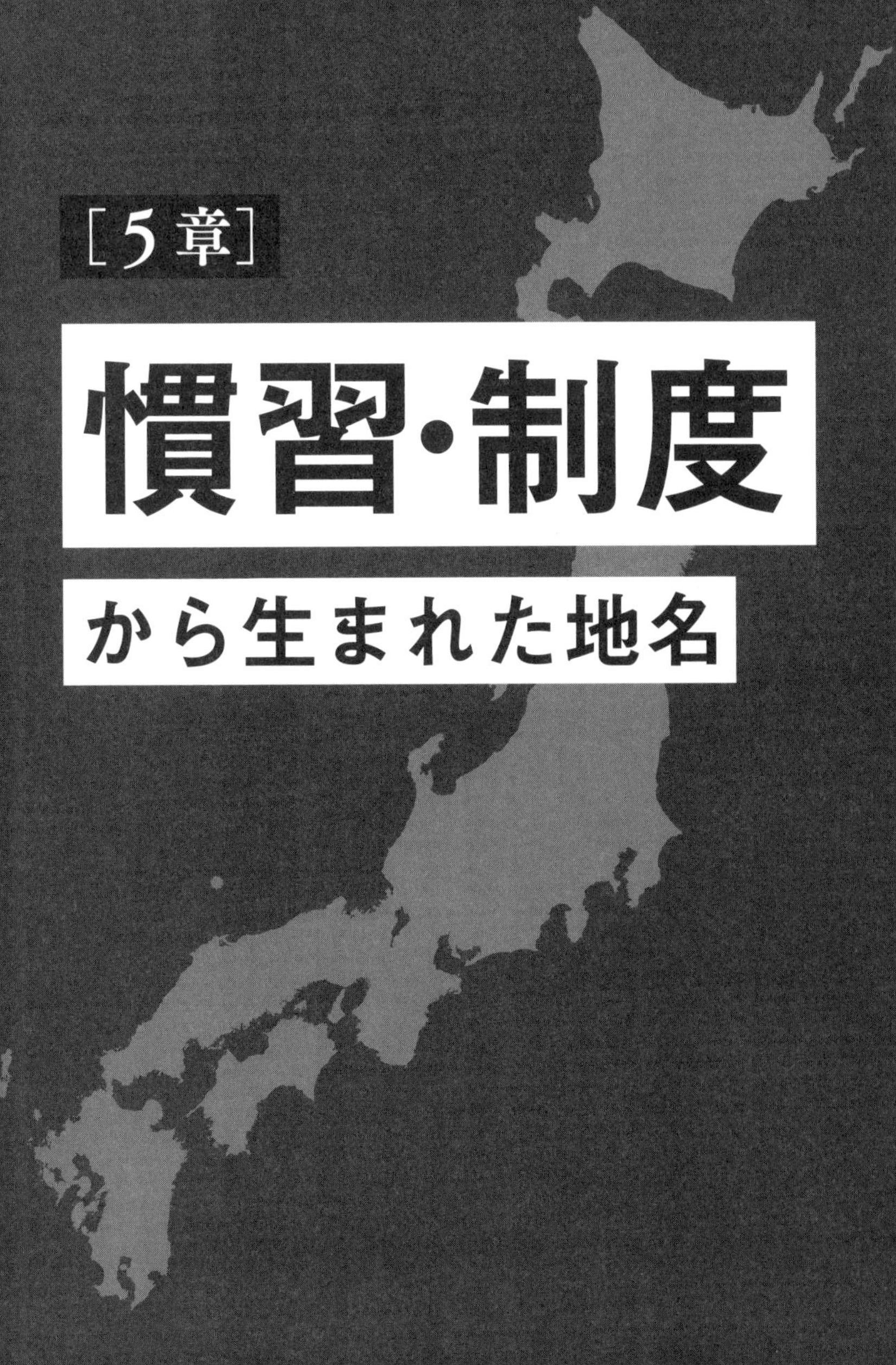

［5章］

慣習・制度

から生まれた地名

090

【東京】

秋葉原《あきはばら》

「秋葉の神さまが祀られていた原っぱ」とは？

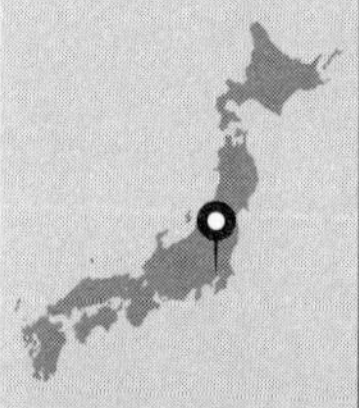

江戸は火事の多い街だった。それは明治に入り、東京と名前が変わってからも同様で、たびたび大火が街を焼いた。中でも神田・佐久間町のあたりはよく「出火元」となり、問題視されていたのだという。

というのも佐久間町は、神田川の北に材木商や、薪や炭の問屋が並んでいたからだ。神田川の水運を利用した木と薪の集散地だったが、ここから出火することが多かった。だから江戸の人々は「佐久間町」ではなく皮肉って「悪魔町」と呼んだそうだ。１８６９年（明治２年）にも、佐久間町から出た火事でおよそ９０００坪、１０００戸が燃え落ちている。

そこで明治政府は、火災の延焼を防ぐための「火除け地」を設けた。現在の秋葉原駅周辺に密集していた家屋を取っ払い、広大な空き地にしたのだ。広場があれば、たとえ火事になっても燃え広がるのを防ぐことができるというわけだ。

そして遠州（現在の静岡県）から、**鎮火の神として名高い秋葉《あきは》神社を勧請《かんじょう》し、火除け地に祀《まつ》ったのだ。**こうして人々は**「秋葉の神さまがいる広場、原っぱ」**の意味で、**このあたりを「秋**

葉原」と呼ぶようになる。

その読み方は「あきばはら」「あきはばら」「あきばっぱら」などが混在していたのだが、１８９０年（明治23年）に上野から鉄道が延伸されて貨物駅が開業。この駅の名が「あきはばら」と決まったことで、地名としても定着していった。とはいえ俗称として「アキバ」も広く使われているのは周知の通りだ。

なお鉄道工事のため、秋葉神社は、秋葉原の北、御徒町のあたりに移転した。かつての火除けの原っぱも、いまでは面影がない。

東京・台東区にある秋葉神社。「秋葉原」の由来となった秋葉神社だが、現在は秋葉原から移っていった

091

【東京】

御茶ノ水《おちゃのみず》

ここから出た水でお茶を飲んだのは誰か？

歴代の徳川将軍が重視したのは、江戸の河川整備だ。水害防止のほか、当時は河川が「交易路」でもあったため、物流インフラを整えるという意味もあった。

その一環として、**神田山《かんだやま》の切り崩し工事**が行われた。おもに2代将軍・秀忠《ひでただ》の命を受けて、伊達政宗《だてまさむね》たちが担当したのだが、この結果、神田山は北側の湯島台と、南側の駿河台に分割され、その間を流路を変えて幅を広げた神田川が流れることになる。

そんなときだった。**工事の影響か、近くにあった高林寺《こうりんじ》から泉が湧きだした。**飲んでみるとこれがなかなかにおいしい。そこで将軍がお茶をたてるときの水として献上したのだ。そこからこの地が「御茶ノ水」と呼ばれるようになる。400年前は東京にも、清流が流れていたということだろう。

高林寺はその後、1657年（明暦2年）の大火災で焼失し、移転した。現在は駒込にある。江戸時代に活躍した蘭方医・緒方洪庵《おがたこうあん》の墓があることでも知られる。

明治時代のお茶の水（『ケンブリッジ大学秘蔵明治古写真』より）

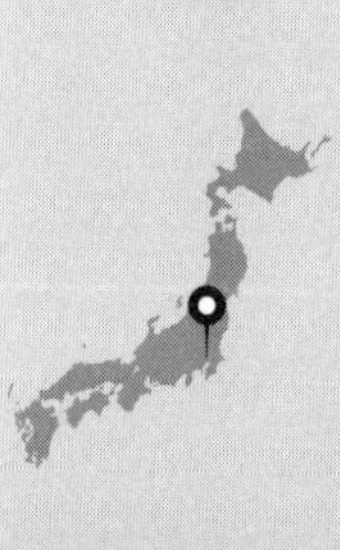

092

【東京】

歌《か》舞《ぶ》伎《き》町《ちょう》

歌舞伎は見られないのに歌舞伎町？

太平洋戦争で徹底的に空爆され、焼け野原となった東京・新宿。戦後、その復興計画の目玉となったのが、歌舞伎を上演する劇場の建設だ。**歌舞伎座を中心に映画館などの施設を集め、文化的な街づくりを目指す**というもので、この計画に基づいて新宿駅東側の一角は「歌舞伎町」と名づけられた。１９４８年（昭和23年）のことだ。

しかし戦後の混乱の中、財政面では問題が多く、計画はうまくいかなかった。**歌舞伎座の建設も取りやめとなってしまったのだが、街の名前にだけ「歌舞伎」は残ることになった**のだ。

それから高度経済成長期になると歌舞伎町やその周辺にはいくつもの映画館が建てられ、当初の目的通りに文化的な街となった。しかし同時に、新宿が都内有数の繁華街として栄える中で、風俗施設やラブホテルなども乱立。やがて歌舞伎町は東洋一の歓楽街として成長していった。歌舞伎の上演はならなかったが、別の方向で歌舞伎町は成長していったのだ。

歌舞伎町一番街のアーケード（©Kakidai）

093

【大分】

別《べっ》府《ぷ》

日本全国に300以上、実は「よくある」地名

日本を代表する温泉地としても知られる別府だが、もとは**「別《べっ》勅《ちょく》符《ふ》田《でん》」**という場所だったと考えられている。

奈良時代から平安時代にかけて、貴族や有力寺社が持つ農地、つまり「荘園」が全国に広がった。朝廷はこの田畑を租税徴収のベースとしたのだが、**中にはさまざまな理由で税が軽減されたり免除されるところもあった。**そんな土地が「別勅符田」だ。また功績を上げた役人に与えられた土地のことも指した。

こうした「別勅符田」は全国に点在していたが、簡略化され漢字も変わり「別府」になっていったのだ。だから別府という地名は、いまも日本各地に300以上を数える。**珍しいようで、実はポピュラーな地名なのだ。**とくに九州に集中しているのだが、読み方は「べっぷ」のほか「べふ」「びゅう」「びょう」と異なっている。

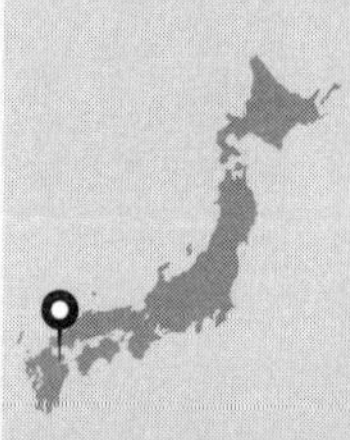

094

【高知】

後免《ごめん》

面白地名のようだが、江戸期の藩政改革の名残り

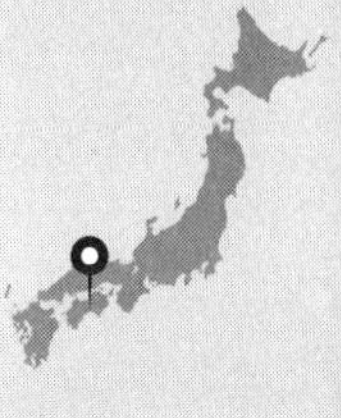

土佐藩の奉行、野中兼山《のなかけんざん》はきわめて有能だった。1636年（寛永13年）から藩政を手がけ、まず堤防を築いて用水路を整備し、広大な土地を田畑へと生まれ変わらせた。港を増築して輸出入を増やし、身分にとらわれず有能な者は登用し、また捕鯨や養蜂などの産業も育成するなど、藩の財政を好転させていったのだ。その一環として、舟入川という運河を開削し、周辺に新しく土地を開拓、**「特典付き」**で入植者を募った。**この地で商売をしようという商人や職人には一定の土地を与え、商いには税を課さないというものだ。**現代でいう経済特区である。この新開地は、税が免除される地域であることから「御免町」という名になり、それが「後免」へと変わっていった。江戸の経済特区は交易の中心として大いに栄え、いまの南国市に至る基礎となっていく。

しかし野中兼山はまた、厳格に過ぎた。あまりに風紀に厳しく、強引に政策を進めたため、藩内でも反発が大きく失脚。失意の中で病死し、家族は幽閉され、お家断絶となってしまった。

後免駅の駅名標（© 京浜にけ）

095

【岐阜】

下呂《げろ》

古代の街道にルーツを持つ由緒ある地名

古代の街道のひとつ東山道の飛騨支路は、飛騨川に沿って伸びていた。深い山中を行く道なのだが、とくに美濃国・菅田《すがた》と、飛騨国・伴有《とまり》の間は距離が長い。だから間に宿場を設けようという記述が、『続日本紀《しょくにほんぎ》』に見られる。776年（宝亀7年）のことだ。

こうして新しく**「下留《しものとまり》」**の駅家がつくられた。伴有の下流に位置していたから、と考えられている。その**下留はだんだん「げる」と音読みするようになっていった。**そして伴有も「上留《かみのとまり》」という呼び名になり、こちらもやがて「じょうる」に。**さらに14～15世紀頃には「じょうろ」「げろ」と読みが変化していったようだ。**ここに「上呂」「下呂」という漢字を当てたのは、一帯に湧く温泉つまり風呂にあやかって、ともいわれる。

こうして名高い「下呂温泉」はいまに至っている。もちろん上呂も現存しているし、間には「中呂」もある。古代から続く歴史ある地名なのだ。

下呂の観光地、下呂温泉の街並み（©Nullumayulife）

096

【京都】

天使突抜《てんしつきぬけ》

秀吉が行った都市計画が「突き抜けた」もの

天下統一を成し遂げた豊臣秀吉が、まず着手したのは京都の都市改造だった。自らの居城である聚楽第を建設し、京の市街地の周囲を御土居《おどい》という土塁で巡らせ、また市中の寺を移転させてひとつの通りに集め「寺町通り」をつくった。

その一環として、秀吉は区画整理も行った。それまでの京の町は「碁盤の目」と例えられる通り、道路に区切られた正方形の区画が並んでいたが、**そこに南北の通りを加えた**のだ。新しい街路によって経済を活性化させる狙いがあったといわれる。こうして**正方形から、短冊状へと、街は変わっていった。**

その工事が、７９４年（延暦13年）創建とも伝えられる五條天神社《ごじょうてん》とぶつかってしまったのだ。「天使の宮」「天使社」とも呼ばれて地域に愛されてきた神社だったが、秀吉の命は絶対だ。**新しい通りは神社の境内を破壊し、鎮守の森を貫通して開通された。**以降、この通りとその周辺は、天下人への皮肉も込めて「天使突抜」と呼ばれるようになったという。

五條天神社（©Hirojin taja）

097

【大阪など】

土師《はじ》（はぜ）

埴輪《はにわ》制作を専門とした古代の職人たち

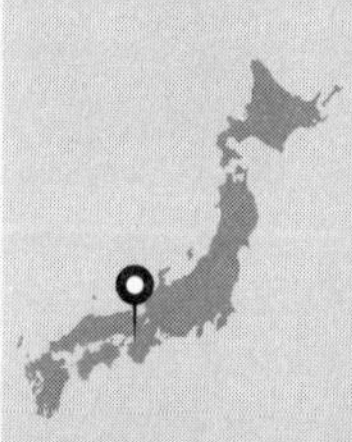

「相撲の祖」として知られる**野見宿禰《のみのすくね》はまた、埴輪を生み出した人物でもある。**『日本書紀』によれば、彼は垂仁《すいにん》天皇32年、皇族の葬儀にあたって慣習となっていた殉死、いわば**生贄をやめて、代わりに土を練って素焼きした人形や馬の像を墓（古墳）に埋めることを提案した**という。ここから日本人は埴輪をつくるようになったのだ。

埴輪の制作を任されたのはおもに、野見宿禰の子孫たちだ。彼らは技術を磨き、人物や動物、家や器などさまざまな形の埴輪を生み出した。

この埴輪の語源となったのは、原料となる**「埴《はに》」**というきめの細かい粘土だ。埴でつくった人や馬が、古墳の上や周囲に輪になって並んでいたから埴輪という名になったといわれる。あるいはまた、初期の埴輪は円筒形の器が多く、輪のような形から命名されたという説もある。

そして「埴」を巧みに用いて、生き生きとした埴輪をつくった技術者たちは**「はに師」**と呼ばれた。**「はに」はやがて訛って「はじ」となり、土を使う職業であることから「土師」という漢字が当てられた。**こうして埴輪職人の一族は「土師《はじ》氏」という名になっていったのだ。そして古墳の造営をはじめとして皇室の葬儀全般に携わり、力のある豪族へと成長していく。**そんな土師氏が集住していた場所が、そのまま地名として大阪に残っている。**ただし読み方は「はぜ」と変わった。また土師氏は職能集団として全国に移り住んだため、いまも兵庫県や鳥取県など西日本を中心に、各地の地名となっているし、苗字としても伝わっている。

土師氏のつくった土器のことを土師器というが、古墳時代中期になると新しい製法の土器が出てくる。斜面を利用した登り窯によって1000度以上の高温で焼かれたもので、頑丈さと青みがかった色が特徴だ。朝鮮半島から伝わった技術だった。

この土器を**「すえ」**と呼んだが、その語源はよくわかっていない。一説によればハングルで鉄を意味する「ツェ」が由来だともいわれる。「鉄のように丈夫な器」を表現したのだろうか。

やがて「すえ」には「陶」という漢字が当てられ、**職人たちを「陶部《すえべ》」、工房がある場所を「陶邑《すえむら》」などと呼んだ。**そして「陶」は「須恵」という漢字に置き換えられていく。

福岡県の須恵町も、この須恵器の生産拠点だったと考えられている。ほかにも「須恵」のつく地名は熊本県や岡山県など、西日本各地に残されている。

当麻蹴速と相撲をとる野見宿禰（右）
（月岡芳年『芳年武者无類』より）

098

【兵庫】

倭文《しとおり》

古代の技術者たちが住んだ織物の生産地

兵庫県の淡路島は、古代から続く地名が多数残っている、全国的にも珍しい場所なのだという。

そのひとつが、南あわじ市の倭文だ。これは古代の織物の一種**「倭文織《しずおり》」**から来ていると考えられている。梶の木や麻などを原料にして織り出した布のことで、朝廷に献上されていたという。

この織物を手がける技術者たちは「倭文織部《しずおりべ》」、あるいは「倭文部《しとりべ》」と呼ばれた。そして彼らが住む場所も同じ地名になっていくが、次第に「倭文」と略され、読み方は「しとおり」と変化していった。だが、なぜ「倭文」という漢字を当てたのかはわかっていない。

こうした古代の文化をそのまま地名にした場所が、淡路島にはたくさんある。だから読み方が難解だ。榎列《えなみ》、五斗長《ごっさ》、炬口《たけのくち》など、古代の日本語に後から漢字を当てたものが多いためだ。『古事記』や『日本書紀』で「日本で最初に創造された地」と語られている島ならではといえるだろう。

099

【佐賀】

馬渡島《まだらしま》

日本にはじめて馬がやってきた地

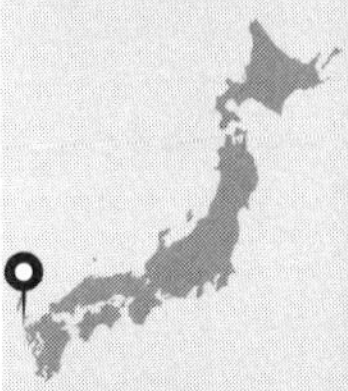

九州と、朝鮮半島との間を隔てる玄界灘は、古代から交易のルートだった。日本列島と大陸との間でさまざまなモノや人、文化が往来してきたが、**「馬」もそのひとつと考えられている。**紀元前4000年頃、東欧から中央アジアにかけての地域で家畜化された馬は、人類の歴史を大きく変えた。輸送や移動の手段として、あるいは戦争の道具として使われ、一気にユーラシア大陸各地に広まっていった。

馬が日本に輸入されてきたのは、弥生時代末期のことだ。**玄界灘を越えて船で運ばれてきたのだが、それがこの島だったといわれる。**やがて歴史は島名にもなっていく。

以降は馬の放牧地としても活用されてきたし、江戸時代は唐津藩の軍馬を育てる場所でもあった。その頃は、藩主が指さした馬を捕らえる春駒獲りという競争も行われていたそうだ。馬とともに歴史を歩んできた島なのだ。

馬渡島の位置

100

【島根】

金持《かもち》

本来は「鉄」の意味なのだが、いまやギャンブルの聖地に

なんとも縁起のいい地名だが、本来は「お金」でも、富の象徴の「金《きん》」でもなく、**「鉄」**のことだった。金は、金属や鉱物全般を表す言葉でもあり、とくに鉄を指す場合が多かったのだ。**当地の周辺では、古代から鉄の原材料となる砂鉄を豊富に産出した**という。それも「玉鋼《たまはがね》」という良質な鉄だった。近隣からは踏鞴《たたら》という古代の製鉄所の跡も発見されていて、いまでは観光することもできる。

こうした鉄の産地という意味で「金持」と名づけられたのだが、いまではすっかり「マネー」一色だ。集落にある金持神社は「金運を授かる」「宝くじが当たる」と評判で、遠くからも参拝客がやってくるし、絵馬には「おかげで馬券が当たりました」「3億円が当選しました」なんて、どこまで本当かはわからないが感謝の言葉が書かれている。金運パワースポットとして、大人気になっているのだ。

金持神社（©Flow in edgewise）

101

【三重】

津《つ》

地名の短さで、日本から世界を目指す

日本でいちばん短い地名「津」。三重県の県庁所在地でもあるが、その意味は**「船が停泊するところ」**だ。同じような意味を持つ言葉には「湊」「港」「泊」「浦」などがあるが、「津」は船着場を中心にして人が集まってくる場所を指した。「津」のつく地名は、大津、唐津、焼津《やいづ》など日本中に点在しているが、どこもちろん水辺の街だ。

そのひとつが、**伊勢国の安濃津《あのうつ》**だった。京に近いことから重要視された場所で、古代中国では博多津（福岡県）、坊津《ぼうのつ》（鹿児島県）と並んで「日本三津《さんしん》」のひとつと考えられ、平安時代にはずいぶんと栄えたらしい。**これがシンプルに津と呼ばれるようになった。**

ちなみに津の鉄道駅もまた日本一短い駅名として知られているが、さらに世界を目指す動きもある。ローマ字表記を「Tsu」から「Z」に変えて、世界一短い駅名としてギネスブックに申請しようというものだ。ただし「Z」を「つ」と発音させるのはやや無理があるのでは、という意見もあり、まだ実現には至っていない。

102

【栃木】

汗《ふざかし》

「薬師如来」と「鬼怒川」が合体した地名？

宇都宮市の南、上三川町の一角に位置する**「東汗《ひがしふざかし》」**と**「西汗《にしふざかし》」**。日本でも屈指の難読地名だが、どうも「漢字」と「読み方」は別々に成立したらしい。

まず「汗」という漢字だが、これは東汗の満願寺に安置されている薬師如来に由来するのだとか。弘法大師がつくったといわれるこの仏像、**祈りを捧げると汗をかくという伝説を持ち「汗かき薬師」と親しまれていた**そうだ。

一方、読み方は東汗のすぐ東を流れる鬼怒川《きぬがわ》がもとになっている。かつて輸送路としても使われていた鬼怒川だが、米を運ぶ廻米船《かいまいせん》の往来には各藩が発行する札が必要だったという。**その札をチェックするための船着場が近くにあり、そこを「札貸し」と呼んでいた。**それがなまって「ふざかし」という発音になっていく。

やがて地域の名所ともいえる**「汗」と「ふざかし」はひとつになり、町の名前へと変化していったのだ。**なかなかに珍しい成り立ちの地名といえるだろう。

103

【東京】

横網《よこあみ》

「網」ではなく「網」なんです

東京・両国、隅田川の右岸に広がる横網町。国技館もあることだし、きっと相撲にまつわる地名なのだろうと思うが、実はぜんぜん違う。そもそも「横綱」ではない。**「横網」**なのである。いったいなんの「網」かといえば、**海苔を干すためのもの**だったといわれる。かつては江戸の沿岸部で、海苔の養殖が広く行われていたのだ。浅草海苔である。まず浅瀬で養殖した海苔は、次の行程では陸揚げして、干す必要がある。そのための場所が隅田川沿い、浅草の南に広がっていた。**海苔干し網がずらりと横に並ぶ景色がいつも見られたことから、横網という地名が生まれた**のだ。江戸時代初期の貞享年間（１６８４～88年）には、すでに定着していたようだ。

一方、力士の番付の「横綱」が生まれたのは１８９０年（明治23年）のこと。それ以前は大関が最高位だった。つまり地名の「横網」が先なのだ。１９０９年（明治42年）、この場所に国技館ができたのも「たまたま」ということで、関連はないそうだ。

海苔を干す様子（『江戸名所図会』二巻より）

104

【東京】

佃《つくだ》

本能寺の変が起こったから、佃煮が生まれた？

隅田川の河口域に位置する佃島。いまでこそタワーマンションが林立しているが、江戸初期は目立たない小さな島だった。

そこへ徳川幕府の肝入りで移住してきたのは、摂津国・佃村（現在の大阪市西淀川区）に住む、森孫右衛門《もりまごえもん》以下33人の漁民たち。寛永年間（１６２４〜１６４４年）のことだ。急激に人口が増えていく江戸市中を見た幕府が、上方の漁業技術を広めて漁獲高を上げ、右肩上がりの食糧需要に対応しようとしたらしい。

意気に感じた森孫右衛門たちは、**新しい住処を故郷にちなんで「佃島」と名づけ、漁業に勤しむと同時に干潟の埋め立て工事も行い、１６４４年（正保元年）には島の増築が完了した。**

佃島で獲れた魚介類は日本橋の魚市場に卸されていったが、とくに白魚は将軍家に献上される名産として名高かったという。

こうして漁村として発展していった佃島だが、ふだん漁民たちが食べているのはもちろん魚や貝だ。それも売り物にならない小魚などが多かった。これらを醤油や塩で煮詰めて、保存が利くように工夫し、不漁のときのために備蓄していた。この煮物が安くておいしいと江戸で評判となり、生産地の名前を取って「佃煮」と呼ばれるようになる。

ちなみに森孫右衛門たちが特別な計らいを得た理由は、1582年（天正10年）にある。本能寺の変だ。明智光秀のクーデターによって織田信長が討たれた歴史的事件だが、信長と関係の深い家康にもまた襲撃の危険があった。

事件を知った家康は、ともかく居城である岡崎城へ急ぎ戻ろうという道すがら、神崎川で足止めを食う。渡し船がなかったのだ。**そこへ助けに現れたのが近くの佃村にいた森孫右衛門たちだった。**九死に一生を得た家康は、その縁で彼らを江戸に呼び寄せたというわけだ。いわば明智光秀が、佃煮の遠い親ということになるのかもしれない。

葛飾北斎『冨嶽三十六景』の「武陽 佃嶌」。廻船でにぎわう佃島の様子が描かれる（1830年頃）

105

【東京】

日《ひ》比《び》谷《や》

江戸初期には海苔の養殖がさかんな海だった

日比谷公園のまわりに官公庁やオフィスビルが立ち並ぶ、東京でも有数のビジネス街、日比谷。ところがいまから400年前、ここは海だった。当時は江戸城（いまの皇居）のあたりまで海が迫り、湿地帯が広がっていたのだ。

そんな浅瀬や干潟に立ち並んでいたのが**「篊《ひび》」**だ。木や竹を組み合わせて、柵のようにして水の中に差し込んだもので、海苔の胞子や牡蠣の幼生を付着させるために使われた。養殖だ。

この篊がずらりと並ぶ入り江だったことから、日比谷という地名になったのだという。

篊は当時の東京湾のあちこちで見られた。海苔は各所で採取されたものが浅草に運ばれて加工、流通していったことから「浅草海苔」と呼ばれ、江戸名産となる。

こうした入り江や湿地帯も、徳川家康のもと埋め立てが進められ、少しずつ姿を消していったが、地名としてはいまも残り続けている。

海上に浮かぶのが「篊」（『名所江戸百景　南品川鮫洲海岸』より）

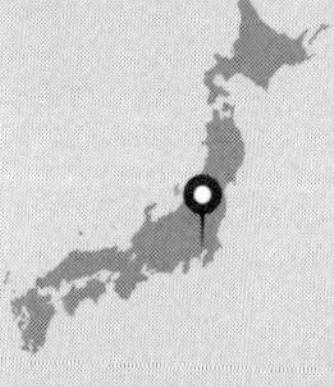

106

【山形】

次《じ》年《ねん》子《ご》

子供が生まれても届け出ることさえできない厳しい気候

山形県中部、最上川流域に広がる大石田町は、全国でも有数の豪雪地帯として知られている。1936年（昭和11年）には343センチメートルという積雪を記録、現在も平均で2メートル近い最高積雪量がある、まさに雪の町だ。

その大石田町から最上川を離れて西の山へと入った集落では、雪はさらに深くなる。**昔は冬になると、完全に外界から閉ざされてしまったという。**いまでこそ道路が整備され除雪ができるようになったが、以前は雪が降りはじめたら孤立したまま、ひと冬を耐え忍ぶような集落だったのだ。そんな冬に子供が生まれたところで、町の役所に届け出ることもできない。**だからこの集落では、雪が解けた翌春に「次の年に生まれた子供として」出生届を出すのだ。**そこから「次年子」という地名になったのだという。

過酷な土地だが、寒暖の差が大きい気候はそばづくりに適しており、古くから栽培が行われてきた。「次年子そば」は地域の特産となっている。

107

【京都】

千本通《せんぼんどおり》

平安京のメインストリートがいつしか死者の道に

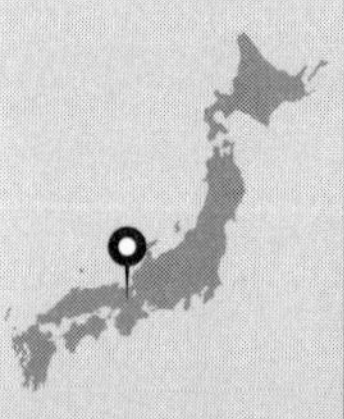

京都を南北に貫く千本通。商店街や神社仏閣、ところどころに古い家屋も残る、なかなかに風情ある通りだ。全長およそ17キロメートル。とはいえ京都市の西部を走る道のひとつにすぎないのだが、かつては「メインストリート」だったことがある。

平安時代、天皇の住む大内裏からまっすぐ南に延びていた**朱雀大路**《すざくおおじ》だ。平安京を東西に分かつこの大通りと、現在の千本通が一部で重なっているのだ。その後、京都の中心はだんだん東に移っていくのだが、その過程で朱雀大路は廃れ、呼び名も千本通と変わっていった。

というのも、**この道の北の果てには千本の卒塔婆《そとば》が立っていたからだ。**京の街もそこまで行くと寂れ、荒れた土地に死体が野ざらしにされていた。**京の風葬場所のひとつ、蓮台野**《れんだいの》だ。そこへ向かう死者を弔い、悼むために、千本の卒塔婆が立てられたのだ。死者の道だったのである。この蓮台野もまた、現在も地名として残っている。

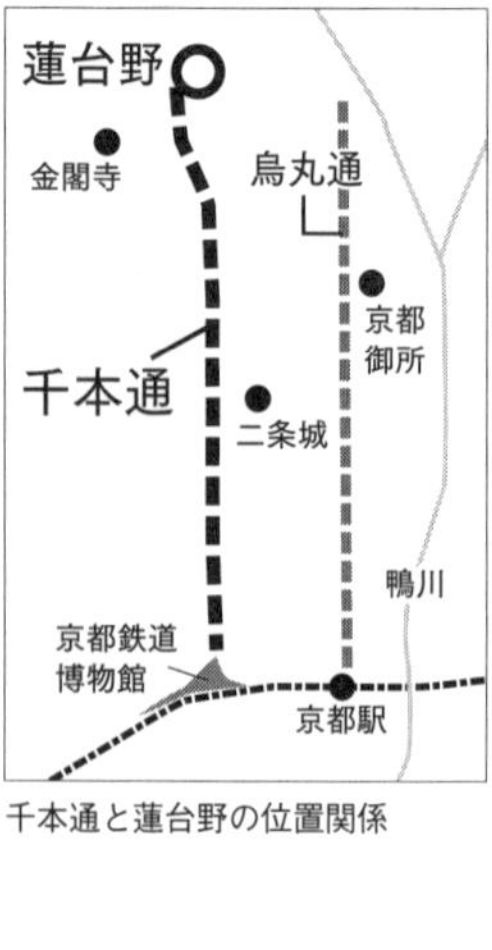

千本通と蓮台野の位置関係

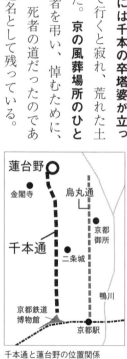

108

【京都】

化《あだし》野《の》

生者が死者へと変化する野

古代の日本では、人が亡くなると野ざらしにして、自然のまま朽ちていくに任せた。風葬である。京都ではそのための場所が、3か所あった。北の蓮台野（→P158）、東の鳥辺野《とりべの》、そして西、**嵯峨野《さがの》のさらに奥にある化野《あだしの》**だ。「あだし」はもともと「他し」「空し」「徒し」などと書き、空しい、はかない、移ろいやすいといった意味を表した。また「異し」と書いて、別のもの、異なる存在という意味でも使われてきた。なんとも寂しく、死を連想させる言葉だ。

そんな「あだし」に「化」が当てられた。この漢字は、人そのものの象徴である人偏《ひとへん》と、右側の「ヒ」からなる。「ヒ」とは、人が逆さになった形、つまり死体だ。**生者と死者を組み合わせた、生から死への変化を表現した文字なのだ。**だからこの地を化野と名づけた。

811年（弘仁2年）、弘法大師は化野に死者を慰めるための寺を建てた。それが現在の化野念仏寺で、境内にはおよそ8000体の石仏がいまも並んでいる。

化野念仏寺（©663highland）

【滋賀】

祝山《ほりやま》

お祝いとは正反対の意味が隠されている

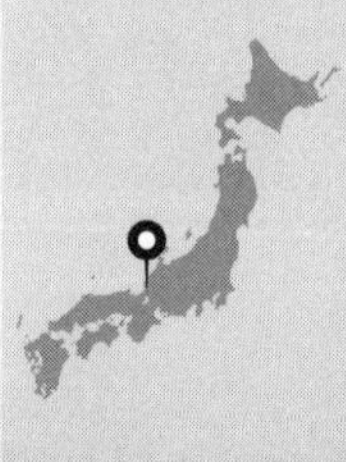

葬儀をされることもなく、埋葬すらされずに、**ただ投げ捨てられる死体。古代にはそんな場所があちこちにあったという。**人を弔う習慣がまだなかった遠い古代のものか、あるいは罪人などに対する差別的な扱いだったのか。

そこから死体を投げ捨てることを「放る」と言うようになった。「放り投げる」の「放る」だ。そして**放られた死体が重なった、まるで地獄のような山や谷を「ほうり山」「ほうり谷」と呼び、忌み嫌ったのだという。**

やがてそんな因習もなくなっていくのだが、「ほうり」のつく地名だけは定着していた。社会が近代化していく中で、**それではイメージが悪かろうと、「ほうり」に「祝」の漢字を当てるようになる。**そのひとつが琵琶湖の北部にある「祝山」だ。せめて縁起のいい漢字を、とのアイデアだったが、読み方は「ほうり」のままなのである。同じような地名は日本各地に残されている。

［6章］

思わず耳を疑う
珍しい地名

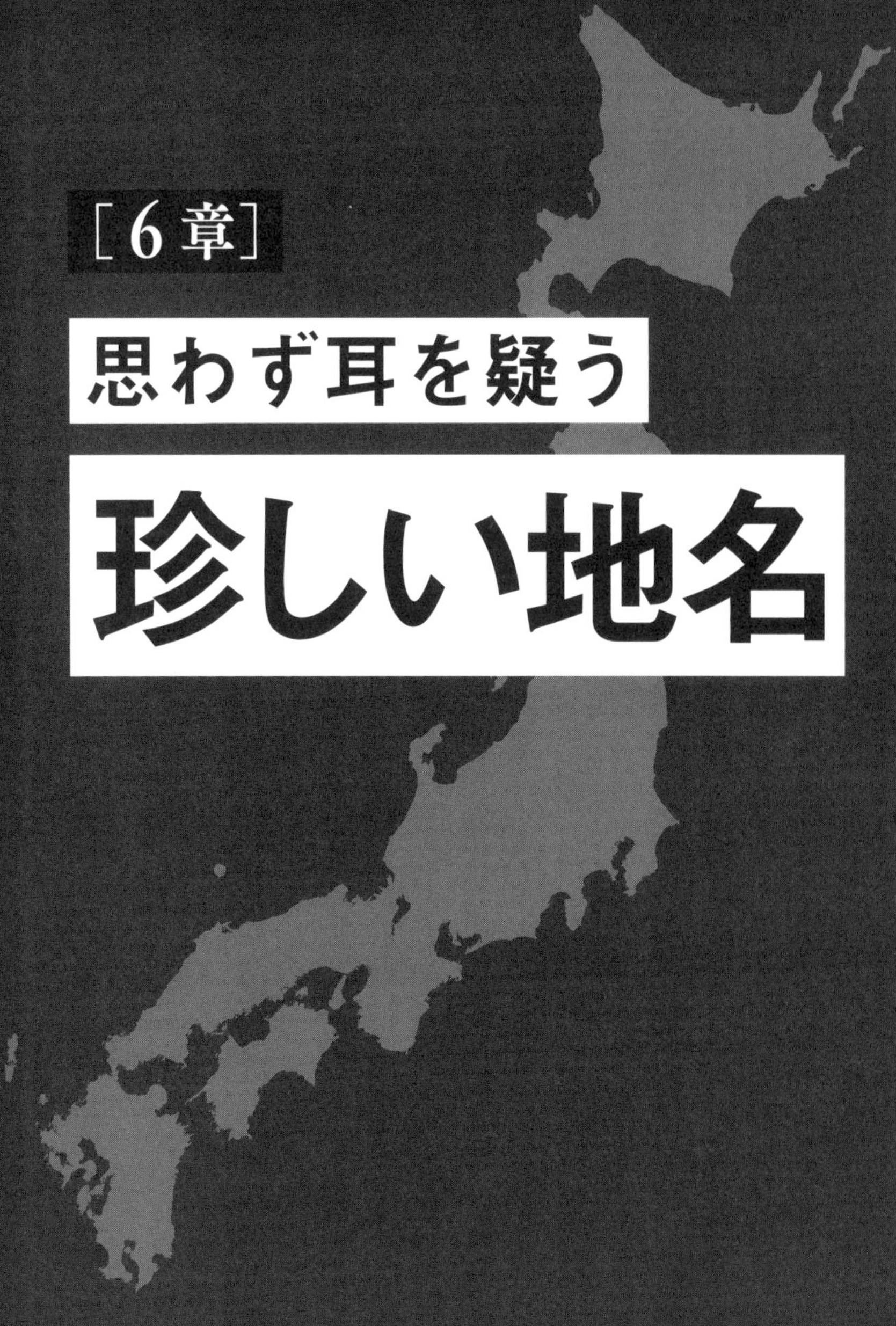

110

【青森】

むつ

「日本初の平仮名市名」が誕生した理由

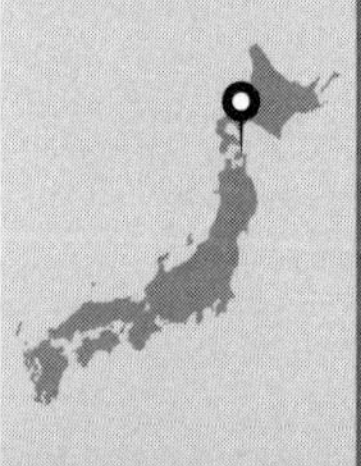

下北半島の北部を占める、本州最北端の市、むつ市。その基礎となっているのは、南部藩の代官所が置かれていた田名部《たなぶ》と、明治時代から海軍の軍港として栄えた大湊《おおみなと》だ。

このふたつの町の合併という話が持ち上がったのは１９５４年（昭和29年）だ。しかし近い地域とはいえ住民の気風がだいぶ異なることや、市役所をどちらに置くかなどでずいぶん揉めたらしい。

新しい市の名前も「下北市」となるはずが、**どちらからも「我が町の名前を入れたい」という声が大きく、結局「大湊田名部市」と決定。**１９５９年（昭和34年）にようやく新市政がはじまった……かに見えたが、**そのわずか1年後に「むつ市」に改称。**もちろん古代の陸奥国に由来している。下北半島全域を含め、東北地方の北部に広がっていた陸奥国の名前なら、どちらの町も異存なかろう、という差配のようだ。

ちなみに「陸奥」とは、現在の東北地方全域を表していた言葉「みちのく」に由来すると考えられている。道の奥、最果ての遠い場所を表した古語だ。この「みちのく」のうち「みち」

が訛って「むつ」になったといわれている。

そこへ漢字が輸入されてきて「陸奥」と書かれるようになった。だが**昭和の合併の折りには、当て字ではなく本来のものに戻そうと、「むつ市」に改められたというわけだ。**

こうして生まれた「むつ市」は、**日本ではじめて、平仮名を冠した市**でもある。いまではすっかり一般的になった平仮名地名の先駆けなのだ。

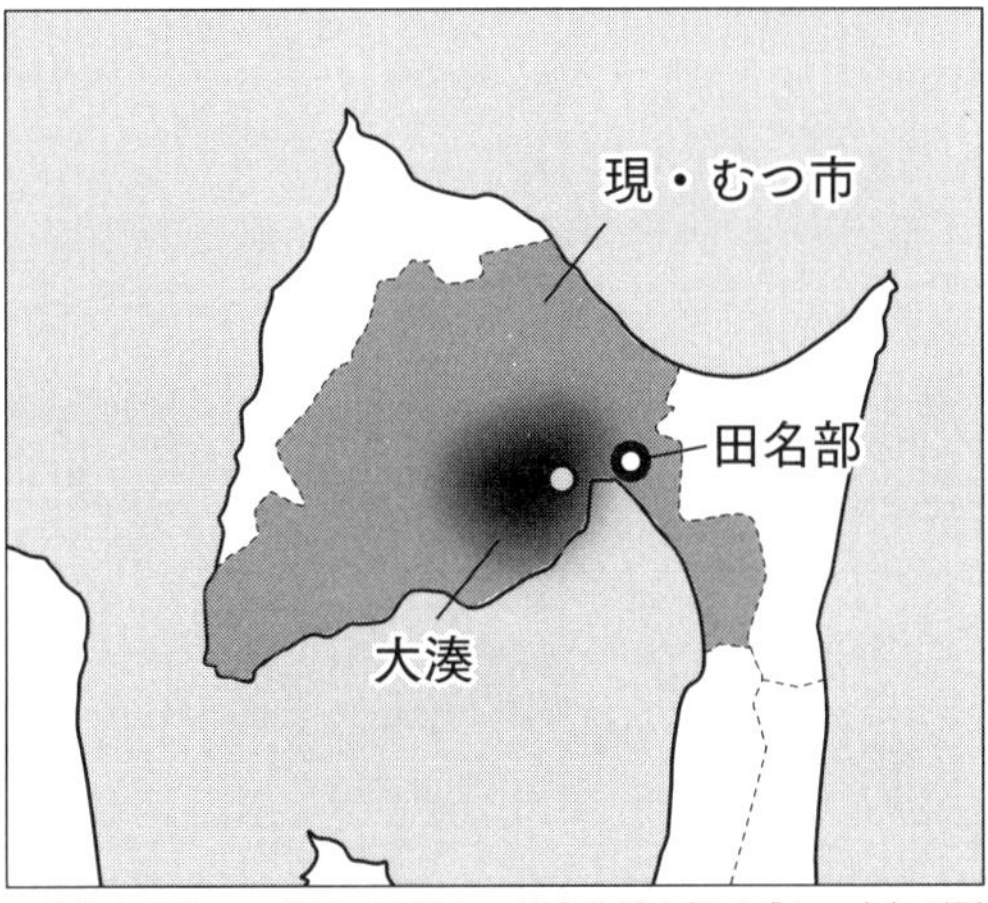

田名部と大湊の２地域が合併し、紆余曲折を経て「むつ市」が誕生した

111

【北海道】

スウェーデンヒルズ

自然に囲まれた北欧
そのままの高級住宅街

北海道・当別町《とうべつちょう》の大地に、北欧風のおしゃれな家並みが唐突に現れる。豊かな森に囲まれた広々とした邸宅。街には電柱も電線も、広告などの看板もない。本当にヨーロッパの高級住宅街にいるような気分になってくるが、ここにはスウェーデンヒルズという地名がつけられている。

きっかけは日本との交流拠点を持ちたいというスウェーデン国王の要望だったという。依頼を受けた当時のスウェーデン大使・都倉栄二氏は、**気候が首都ストックホルムとよく似た札幌郊外の当別町に着目、「スウェーデン村」を建設することになった**のだ。

1985年（昭和60年）頃から住民が増えはじめ、1990年（平成2年）には実際にスウェーデン国王が来訪。いまは恵まれた住環境の「あこがれの街」として知られ、およそ360世帯800人が住む。

また当別町はスウェーデンのレクサンド市と姉妹都市ともなっており、当初の目的通り両国の交流も進められている。

スウェーデンヒルズの街並み（写真提供:朝日新聞社）

112

【北海道】

登別《のぼりべつ》カルルス

ヨーロッパを代表する温泉保養地がルーツ

あの入浴剤を連想する人もいるだろうが、北海道には本当にカルルス町《ちょう》という地名がある。これは温泉由来の町名で、開湯は北海道開拓時代のこと。

１８８６年（明治19年）に、室蘭郡の公務員だった日野愛憲《ひのあいき》が、登別の北にこの温泉を発見したという。その後、彼の養子である日野久橘《ひのきゅうきつ》が開発を進めていくのだが、**湯の泉質を分析したところ、はるか遠いチェコの有名保養地カルルスバード温泉とよく似ていた。**そこからカルルス温泉と命名し、旅館と共同浴場を一軒ずつ建てて、温泉地として出発したのだ。

戦時中は陸軍の療養地となったことで有名となり、戦後の１９５７年（昭和32年）には北海道初の「国民保養温泉地」にも指定された。そして登別市の町名のひとつともなり、いまやあの温泉の素を通じて全国的に知られた存在だ。

ちなみに地名のもとになったカルルスバード（現在のカルロヴィ・ヴァリ）の姉妹都市が同じ温泉地として名高い草津町（↓Ｐ41）というのは、町としてちょっと残念かもしれない。

113

【青森】

戸来《へらい》

「キリスト終焉の地」はオカルトか真実か

十和田湖《とわだこ》の東、森と田畑に囲まれた新郷村《しんごうむら》の一角に「キリストの墓」なる場所がある。こんもりと盛られた土の上に十字架が立っているシンプルなものだが、毎年キリストを慰霊する祭り（なぜか神道式だ）まで開かれているのだ。

これは**『竹内文書《たけうちもんじょ》』という奇書を著した竹内巨麿《たけうちきよまろ》**が１９３５年（昭和10年）に当地を訪れて「ここにキリストが眠っている」と主張したことが発端だ。**ゴルゴダの丘で磔刑《たっけい》に処されたのは実はキリストの弟で、本人は日本に逃げ延びてきて、ここで１０６歳まで生きたというのだ。**

そこから新郷村の戸来はイスラエルの主要言語へブライ語に由来するという話や、村で古くから歌われている民謡がへブライ語に酷似しているなど、さまざまな説が生まれ、１９７０年代のオカルトブームにも乗って、一気に全国区となった。この伝説はいまや青森県の公式サイトにまで掲載されているのだが、真相はまったく不明だ。

「キリストの墓」（©Wiki Taro）

114

【岩手】

机《つくえ》

リアス式海岸を見たアイヌたちの言葉

入り江や湾が複雑に入り組む岩手県のリアス式海岸。その一角に「机」という地区がある。海のそばには机漁港があり、そのたもとには「番屋」と呼ばれる小屋がいくつも並んでいたそうだ。これは漁具を保管したり、ワカメやコンブなどの収穫物を干したりする作業場を兼ねたもので、繁忙期は漁師が寝泊まりもした。漁村の伝統的な光景だったのだ。

しかし東日本大震災により机の番屋はすべて流出してしまった。現在は再建され、地域の観光漁船により沿岸巡りなど観光の拠点ともなっているが、そんな机はアイヌ語が語源となっている。

ツク・エツ（小山、岬）という言葉から派生したものだという。**入り組む海岸線にいくつも突き出した岬を表しているのだ。**アイヌ語由来の地名というと北海道ばかりが有名だが、岩手や青森、秋田県など東北各地にもたくさん残されている。

机浜の番屋。2018年撮影（©Ty19080914）

【山形】

こあら

「日本で最もかわいい地名」とも呼ばれている？

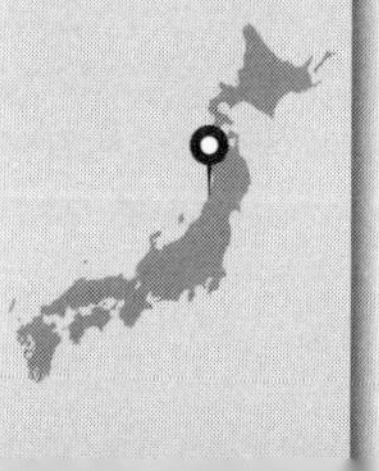

江戸時代に北前船《きたまえぶね》貿易で栄えた港町・酒田市には、なんとも可愛らしい町がある。歩いてみればそこには、こあら中央公園、こあら自治会館、こあら薬局、こあらハイツ、ケアセンターこあら、さらにはこあら動物病院まであって、町中がオーストラリア固有の有袋類《ゆうたいるい》・コアラ一色なのである。数ある平仮名地名の中でも、とりわけファンシーな場所かもしれない。

その昔は漢字で「古荒新田《こあらしんでん》」と書く町だった。これはいったん放棄され荒れたままになっていた農地に、もう一度手を入れて再開発した場所であることからつけられた地名だ。江戸時代以来、そんな新田として農民たちが受け継いできた古荒だが、だんだんと宅地化が進み、発展していく酒田の市街地に飲み込まれていった。

そして2001年（平成13年）、**「親しみやすいように」と平仮名で「こあら」に改名すると、動物地名として有名になっていった。**とはいえ単なる住宅街ではあるのだが、町の各所に散りばめられたコアラのイラストを探しに、観光客が訪れることもあるようだ。

116

【群馬】

南《な》蛇《んじゃ》井《い》

出オチのようでいて、謎多き地名

群馬県の高崎市と、下仁田《しもにた》を結ぶ上信電鉄。沿線に世界遺産・富岡製糸場があることで有名だが、ひっそりと一発ギャグのような駅もある。**南蛇井《なんじゃい》駅**である。誰もが思わず「なんじゃい」と言ってしまうのだが、その由来は諸説入り乱れている。

有力だと考えられているのはアイヌ語説だ。**「川幅が広いところ」を指すアイヌ語「ナサイ」がなまったのではないかといわれている。**川とは、近くを流れている鏑川《かぶらがわ》のことだろうか。

また、緩やかに傾斜した地形を表す古語「ナサ」が語源ではないかという説もある。さらに川に沿って開かれた狭い土地のことを「ナザ」「ナシャ」などと呼び、そこから派生したという意見も。

ほかにも、この地域の南のほうに井戸があり、そこが蛇の集まる場所だったから……という話まであり、真相は不明だ。

南蛇井駅舎

117

【千葉】

舞浜《まいはま》

マイアミビーチに由来しているはずが……

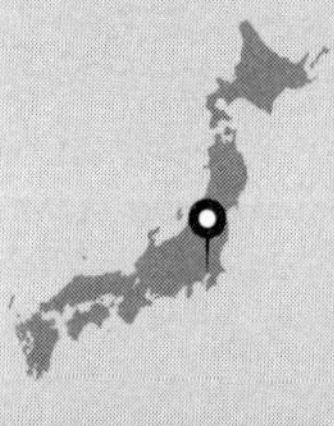

千葉県の臨海地域・浦安では、高度経済成長期から海岸の埋め立て事業が進められていた。１９７５年（昭和50年）には南部に新しく埋め立て地が完成するが、ここに建設されたのが東京ディズニーランドだった。だからこの地は、ディズニーリゾートの元祖であるアメリカにあやかった。フロリダ州のディズニーワールドそばにあるマイアミビーチにちなんで「舞浜」と名づけられたのだ……長年、そう説明されてきた。

しかし近年になって、**地名の由来は別にあったことがわかった**のだという。１９７５年当時、地名を定めるために開かれた議会の議事録が発見されたのだ。そこには**「舞浜は、〝浦安の舞〟にちなんで命名する」**というやりとりが残されているという。この舞とは、巫女が神に奉納する神楽の一種だ。つくられたのは１９４０年（昭和15年）のこと。戦前、戦中に使われた「皇紀」（神武天皇即位の年を元年とする紀年法）の２６００年を祝うためだった。

実はこちらがルーツで、マイアミビーチは誤りだったと、**後年になって修正された珍しい地名でもある。**市の公式サイトでも記述が変更され、話題になった。

118

【神奈川】

海《かい》外《と》

日本にいながら海外旅行ができる町

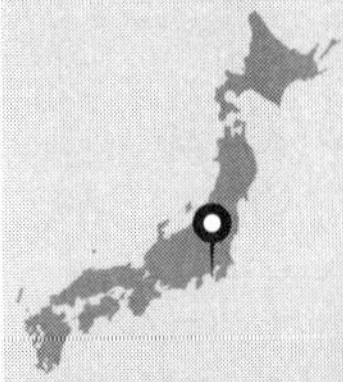

マグロの水揚げで知られる関東地方有数の漁港、三崎。三浦半島の先端だが、そこから10分ほど歩くと、**いきなり「海外」になってしまうのだ。**海外会館、三崎漁港・海外地区なんて看板があり、海外というバス停まである。「海外町」という地名なのである。「かいと」と読む。

もちろん外国とは何の関係もないし、あたりは小さな漁港のまわりに民家が並ぶ静かな界隈だ。これは漢字ではなく、読み方のほうに意味が込められているらしい。

もともと「かいと」とは「区分けされた場所」のことを指していたという。垣根や堀に囲まれた敷地、用水路で仕切られた農地などのことだった。そこから派生し、単なる小さな集落を「かいと」と呼ぶこともあった。そこに漢字文化が入ってくると、「垣内」「垣戸」「海戸」「海渡」などと表記されるようになる。「海外」もそのひとつだが、**なぜこの漢字だったのかはよくわかっていない。**海の外に開かれた土地だからという説もあるようだ。いまでは「気軽に行ける海外旅行」として、三崎漁港のついでに訪れる人も多い。

「海外」のバス停

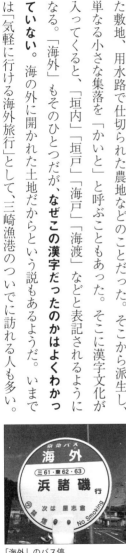

【神奈川】

伯《お》母《ば》様《さま》

その昔おばさんの支配地域だった

伊《い》勢《せ》原《はら》駅から北に向かう神奈川中央交通バスは、10分ほど走ると奇妙な名前のバス停に差しかかる。「伯母様」である。珍名バス停としてマニアには有名な場所だというが、本当に「おばさん」がもとになっているのである。

1550年頃のことだ。相模国を支配していた**北条《ほうじょう》氏康《うじやす》**は、家臣である布施《ふせ》弾正左衛門《だんじょうざえもん》康《やす》則《のり》に、このあたりを所領として与えた。だがこの土地はその後、持ち主が変わる。**布施氏の伯母である梅林《ばいりん》理香《りか》大姉《だいし》の所有となった**のだ。**以降、この一帯が伯母様と称されるようになる。**地名としてはなくなってしまったが、いまでもバス停や地域の観音の名前として残り、愛されている存在だ。

しかし異説もある。「おばさま」とは「小狭間」が語源だとするものだ、やはり「おばさま」と読む。確かに小高い山に挟まれた谷間のような集落なのだ。どちらが果たして正しいのか、いまでもよくわかっていない。

「伯母様」バス停

120

【長野・富山】

野口五郎岳《のぐちごろうだけ》

歌手が先か、山が先か

飛騨山脈の中部、長野県と富山県の県境にそびえる「野口五郎岳《のぐちごろうだけ》」、標高2924メートル。見事な眺望が楽しめることから、登山者にはよく知られた山だが、名前の由来はあの大歌手にして俳優ではない。その逆なのだ。**野口五郎さんの芸名は、この山から取ったのである。**

1971年（昭和46年）のことだ。芸能界デビューを前にして、野口さんの芸名を決めようという話になった。そのとき、**山好きでもあった所属レコード会社のディレクターが命名したのだという。「野口五郎岳のように大きな歌手になってほしい」という意味が込められていた**そうだ。

ちなみに「野口五郎岳」のほうは、登山口のあたりに「野口」という集落があり、そこから登りはじめると岩場が多く、大きな岩が「ゴロゴロ」しているから、名づけられたのだそうだ。

野口さん本人は「本当はもっとカッコいい名前がよかったけど、いまではこれが自分の名前だと思っているよ。愛着があるし、いい名前だと思っているよ」と公式サイトで語っている。

【大阪】

上町《うえまち》Ａ・Ｂ・Ｃ

町村合併のひずみに生まれた日本唯一のアルファベット地名

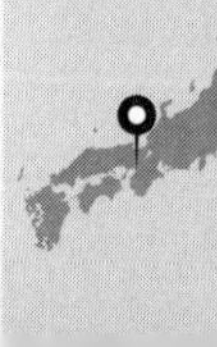

大阪城のすぐ南、中央区の一角に、ちょっと変わった町がある。「上町《うえまち》Ａ」「上町Ｂ」「上町Ｃ」と、**地名にアルファベットが入っている**のだ。日本でもここだけというレアな場所である。

もともと中央区は、南区と東区に分かれていた地域だ。その**南区には、「上町」という地区が昔から存在していた。**ところが１９７９年（昭和54年）に、**東区のほうでも町村合併によって「上町一丁目」が誕生する。**ふたつの「上町」ができてしまったのだが、区が異なるためトラブルにはならず、共存を続けてきた。

問題となったのは１９８９年（平成元年）だ。今度は南区と東区が合併して、中央区が生まれることになった。**ひとつの区の中に「上町」「上町一丁目」が混在してしまう**のだ。これまでは例えば「南区上町一番一号」、「東区上町一丁目一番」と、どうにか区別できていたものが、今後はどちらも略せば「中央区上町１-１」となる。これでは間違いなく混乱すると行政は判断。「旧・南区の上町」のほうに「上町二丁目」に変更してくれないかと依頼したのだ。

というのも**大阪では「より大阪城に近いほうを一丁目とする」という習わしがあった**からな

のだが、反発したのは「旧・南区の上町」の住民たちだ。ここは古くから上町筋という通りに面して栄えた歴史ある町で、先に上町を名乗っていたのはこちらなのに、なぜ二丁目なのかと反対意見が巻き起こった。

行政はふたつの「上町」の間で板挟みとなり、困った。「旧・南区の上町」は「上町二丁目」となることを納得せず、かといって「旧・東区の上町」の「上町一丁目」は10年前にできたばかりで再度の変更は難しい。

そこで、妥協案が生まれた。**「旧・南区の上町」に続く住所表記を、A・B・Cとしてはどうか、というものだった。**こうすれば「中央区上町一丁目」と、「中央区上町A」「中央区上町B」「中央区上町C」となり、確かに混乱しない。

こうした経緯で日本でただひとつのアルファベット地名が生まれたというわけだ。

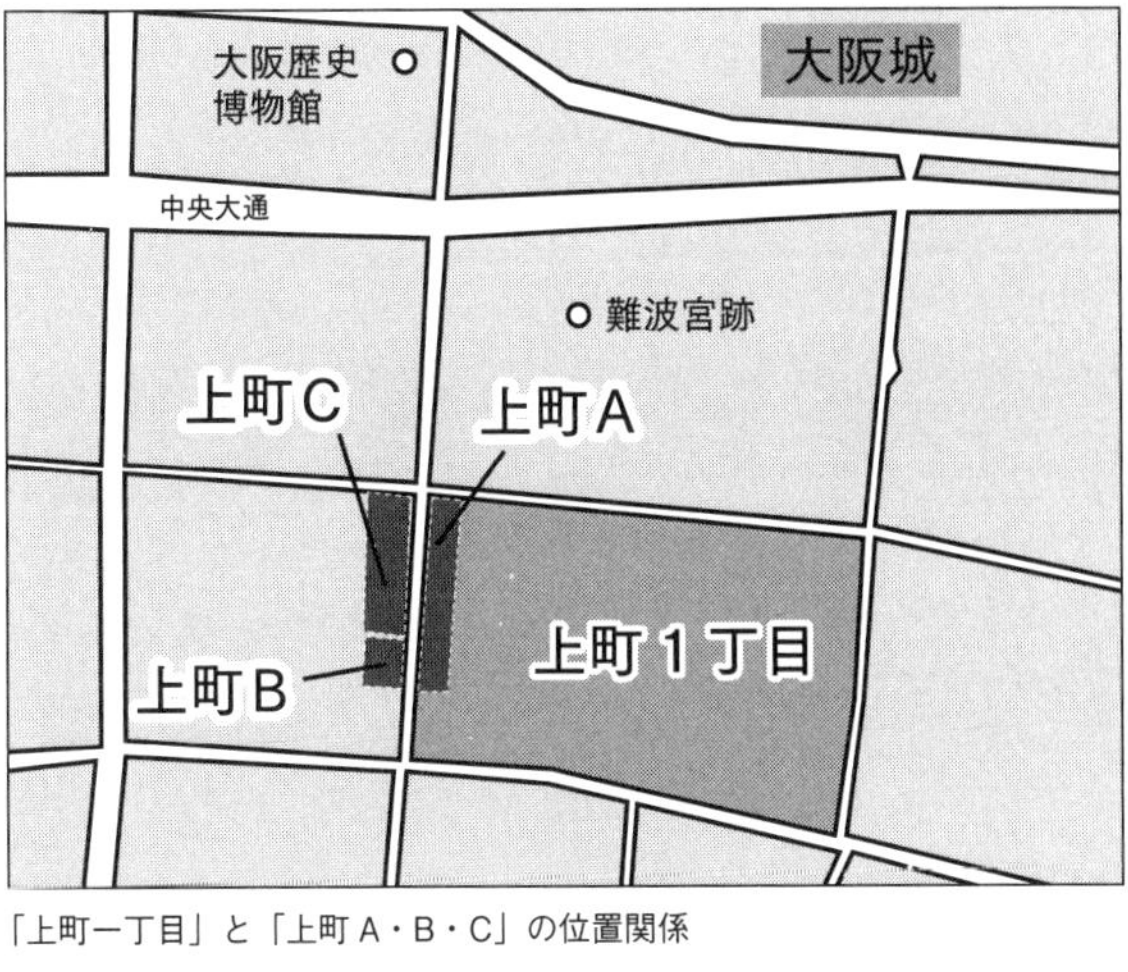

「上町一丁目」と「上町A・B・C」の位置関係

122

【京都】

先《ぽん》斗《と》町《ちょう》

南蛮渡来の地名のさきがけ？

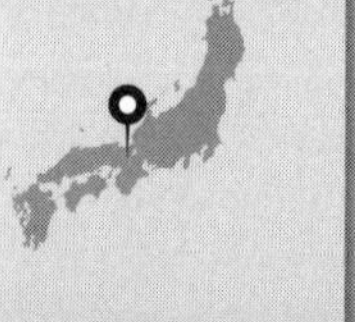

鴨川に沿った狭い道の左右に、飲食店がびっしりと並ぶ先斗町。鴨川に張り出すようにテラス席を設けている店も多く、街の名物ともなっている。京都を代表する花街のひとつでもあるのだが、発展したのは江戸時代の末あたり（１８００年代中期）。

その頃、京都で流行していたのはポルトガル伝来のゲーム、カルタだ。花街の女性や客たちもしきりにお金を賭け、熱中したというが、そのゲームで使う用語に「**ポント**」というものがあった。掛け金を何度かに分けず、最初のほうに、**つまり「先ばかり」にどんどん使ってしまうという意味**だ。「あの人はポントにばかり張る」などと使われた。そして「先ばかり」は、漢字だと「先斗」とも書く。このふたつが合わさって、カルタが流行している花街の名前にしたのでは……そんな説がある。

異説もある。先斗町は鴨川と、西の高瀬川に挟まれた場所にある。川（皮）に挟まれてポンと音を出すものといえば、鼓だ。その音の響きに地名のルーツがあるとも語られる。どちらにしても、なかなか粋な話だ。

123

【京都】

河《かわ》辺《べ》由《ゆ》里《り》

人名ではなく、地形と村落の姿からできた地名

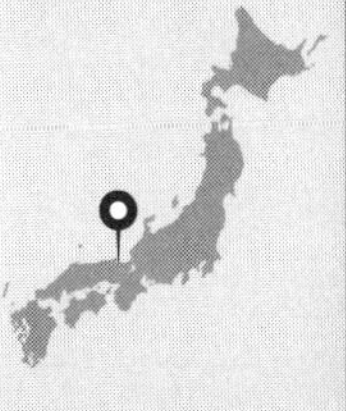

舞鶴《まいづる》市北部、山の谷間に開かれた農村部に、どう見ても女性の名前としか思えない地名がある。河辺由里だ。

まず彼女の「名字」である「河辺」だが、**川のそばであることを表す地名**だという。事実、集落のすぐ南には河辺川が流れている。またこの谷間全体を「河辺谷」とも呼んでいる。

そして「名前」の「由里」は、**集落への出入り口、里への玄関といった意味で使われているもの**だ。その語源は「人が寄り集まる」の「寄る」が訛ったものだとも考えられている。

つまり「河辺由里」とは、「川の近くにある集落への入り口」を示しているわけだが、実は由里さんには姉妹がいる。**同じ舞鶴市に「高野由里」「岡田由里」という地名もあるのだ。**こちらの「由里」も由来は一緒だ。3人のアイドルユニットを結成して町おこしができそうにも思うが、舞鶴市にそういった動きはいまのところないようだ。

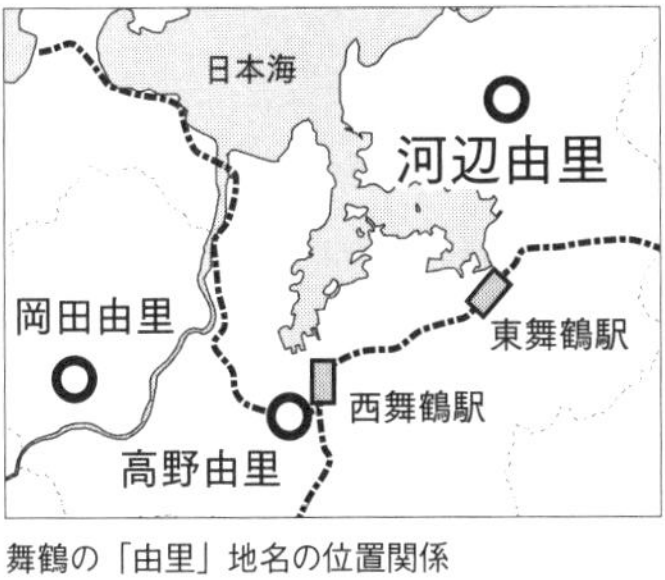

舞鶴の「由里」地名の位置関係

124

【鳥取】

羽合《はわい》

パスポートのいらない「日本のハワイ」

「伯耆国《ほうきのくに》河村郡《かわむらごおり》東郷荘《とうごうのしょう》下地中分絵図《したじちゅうぶんえず》」なる地図がある。大きな湖（東郷池）のまわりに荘園や集落、寺社などが書きこまれていて、何本か赤い線が引かれて土地を区分している。1258年（正嘉2年）に描かれたものとされる。

これは鎌倉時代、荘園の領主と、荘園の管理や警備を担う地頭の間で対立が起きたことを受け、両者の支配地を分割した、いわば「和解図」だ。奈良時代から平安時代にかけて隆盛した荘園が、鎌倉時代になると衰退していくことが、この一枚に示されている……として、よく日本史の教科書にも取り上げられているから、ご覧になった方も多いかもしれない。

その地図の中に「伯井田」という集落が記されている。伯耆国から「伯」を取り、農村地帯であったことから「田」をつけたもののようだ。**「ははいだ」**と読んでいた。

この「伯井田」は、1582年（天正10年）の文書「吉川元春書状《きっかわもとはる》」

吉川元春。毛利元就の次男である

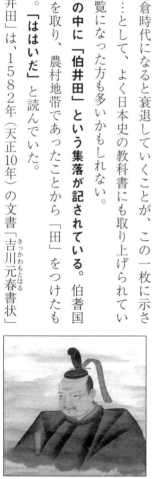

では、「羽合田《はわいだ》」に変わっている。訛って地名が変化していくのはよくあることだが、**こうして日本の地に「羽合」が出現したのである。**

１９５３年（昭和28年）には４村合併によって羽合町が誕生。バブル期に「日本のハワイ」として大いにアピールを始めたことで、一躍有名に。地域の浅津温泉を「はわい温泉」に、日本海に面した海岸が「ハワイ海水浴場」に、地域センターは「ハワイ・アロハホール」と改められた。ヤシの並木まで植えてハワイ市とも姉妹都市提携を結んだが、２００４年（平成16年）にはさらに合併し、湯梨浜町に取り込まれた。

一時期はたびたびマスコミにも取りあげられて話題を呼んだ「日本のハワイ」だが、いまは観光客もあまり多くはなく「ハワイ感」にも乏しい。

東郷池のほとりにあるはわい温泉街。池の対岸には東郷温泉もある

125

【兵庫】

養《や》父《ぶ》

読めないことをウリにして町おこし

「養父市はようちち市へ……生まれ変わりません」

そんな全面広告が朝日新聞に踊ったのは2015年（平成27年）のこと。「ようちち」「ようふ」などと誤読されることが多い養父市が、そこを逆にアピールして「なにかと読めないまちキャンペーン」を開始したのだ。難読地名を利用した新手の町おこしだ。

SNSで「どれだけ養父をおもしろく誤読するか」なんてコンテストを開くなど、知名度を上げて観光客や移住者を呼び込もうとしている。**地名の由来は、単にススキや草木が生い茂る「藪」が多かったから、ともいわれる。**

ちなみにヘタな医師の俗称である「やぶ医者」という言葉も、養父にルーツがあると養父市では主張している。もともと養父には地域に知られた名医がいたが、その名声を悪用するものが増えたことに端を発するのだとか。これには否定的な意見も多いのだが、養父市では毎年、地域医療に携わる医師を「やぶ医者大賞」として表彰している。

126

【徳島】

サラダ

田んぼもカタカナにすれば ちょっとオシャレに

吉野川の上流、日本の田舎の風情漂う山あいの小さな町に、唐突に現れるかわいらしい地名。「三好市池田町サラダ」、である。

本来は「更田」という漢字だったという。更地の水田が広がっていたからだそうだ。つまり新田、いわゆる開拓地だ。また別の説では、このあたりの地形が皿のようなゆるやかな窪地になっていて、そこから「皿田」と名づけられたとも語られている。

それが明治になってから、「時代を先駆けた地名に」とのことで「サラダ」へと変更された。当時としては非常に珍しい、カタカナ地名の走りだったのだ。同じ発想で、サラダの周囲にも「シンマチ」「イケミナミ」「ヤマダ」などのカタカナ地名が点在している。

いまでは町のスーパーマーケットやコンビニ「池田町サラダ店」でサラダを買って、「池田町サラダ交差点」で写真を撮る旅行者もやってくるようだ。

池田町サラダ交差点（©osamu tanaka）

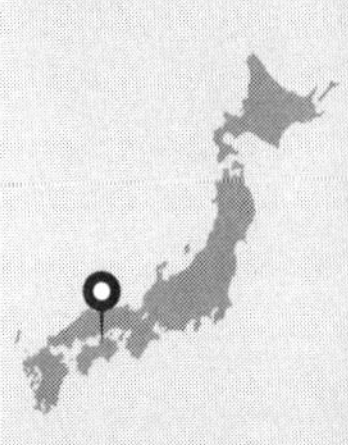

127

【香川】

箱《はこ》

日本人なら誰でも知っている浦島伝説の地

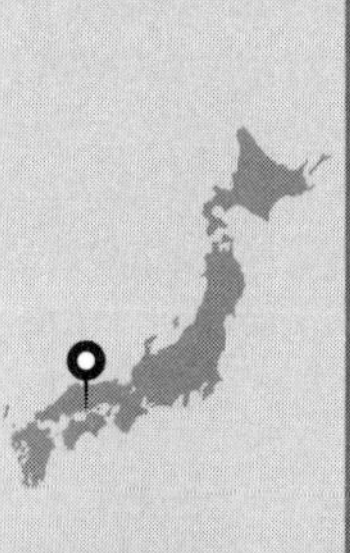

いじめられている亀を助けた若者・太郎が、海の底にある竜宮城に連れていかれて、乙姫の歓待を受けるという物語「浦島太郎」。『日本書紀』や『万葉集』にも記載されている、きわめて古いおとぎ話なのだが、これが「実話」ではないかという検証はかねてから行われてきた。というのも、日本各地に「浦島伝説」が言い伝えられてきた地域があるのだ。

香川県の西部、瀬戸内海に突き出した荘内半島もそのひとつ。この半島はかつて陸地の中ほどが海面下にあり、先端部分が島になっていたという。そこが「浦島」と呼ばれていたのだ。そして浦島太郎にまつわるといわれる地名が、いまでも各所にたくさん残されている。

半島先端の西部に広がる小さな漁村は現在の詫《たく》間町《まちょう》**「生里《なまり》」**だ。太郎の生まれた里とされる。**「鴨《かも》之越《のこし》」**は亀を助けた海岸だといわれる。そのお礼

詫間大橋に建立された浦島太郎像（©オトッシャア）

にと、太郎は亀の背に乗り竜宮城へ。乙姫たちと夢のような時間を過ごすのだが、太郎には故郷の家族がいる。戻らなくてはならない。別れを惜しむ乙姫からたくさんの土産をもらった太郎は地上へと帰った。

そして土産の宝を積み置いた場所が、現在の詫間町**「積《つむ》」**だといわれる。宝の中には「決して開けてはならない」と乙姫から釘を刺された玉手箱も入っていたのだが、これをつい開いてしまった場所が、詫間町の**「箱」**集落と伝えられる。

玉手箱から立ち上った煙に巻かれた太郎は、一瞬にして老人になってしまう。その煙がたなびいていったのは、荘内半島中央部の**「紫雲出山《しうでやま》」**だ。おとぎ話にしては残酷な物語でもあるのだが、太郎は失意のままこの地で亡くなった。「箱」には墓も残されているが、真相は定かではない。

荘内半島に位置する紫雲出山。ふもとには竜宮城をモチーフにした公衆トイレもある（©Dokudami）

土《ど》居《い》中《なか》

ド田舎ではなく、土居の領地の中心地

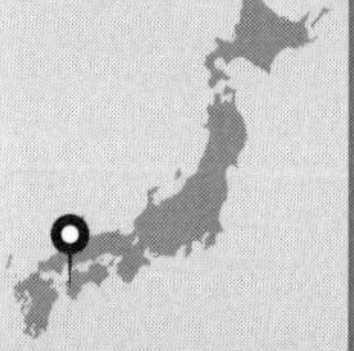

珍地名のひとつとしてたびたび紹介される場所なのだが、実は由緒正しき地名なのである。あまりの辺境ゆえに命名された地というわけではなく、**戦国を駆けた武将・土《ど》居《い》清良《きよよし》にちなんでいるのだ。**

1546年（天文15年）に生まれた土居家13代当主の清良は、伊予国の中でも名高い名君だったと伝えられる。豊後の大友氏、土佐の長宗我部《ちょうそかべ》氏など周辺国の侵攻から領土を守り、一方で農業を育成し民に寄り添ったそうだ。彼の一代記をまとめた『清良記《せいりょうき》』という書物も江戸時代に編纂されている。

そんな土居清良の所領の中心部だから「土居中」という名前で呼ばれるようになったのだ。だからいまでも人里離れた辺境というわけではなく、家屋や商店がちらほら点在する、そこそこの集落だ。

宇和島バス・土居仲バス停の前で写真を撮っていく観光客もちらほら見かけるが、どうせなら地域の名君を祀る清良神社や、彼の墓地である清良廟も訪れてはどうだろう。

［7章］

地名にまつわる知的雑学

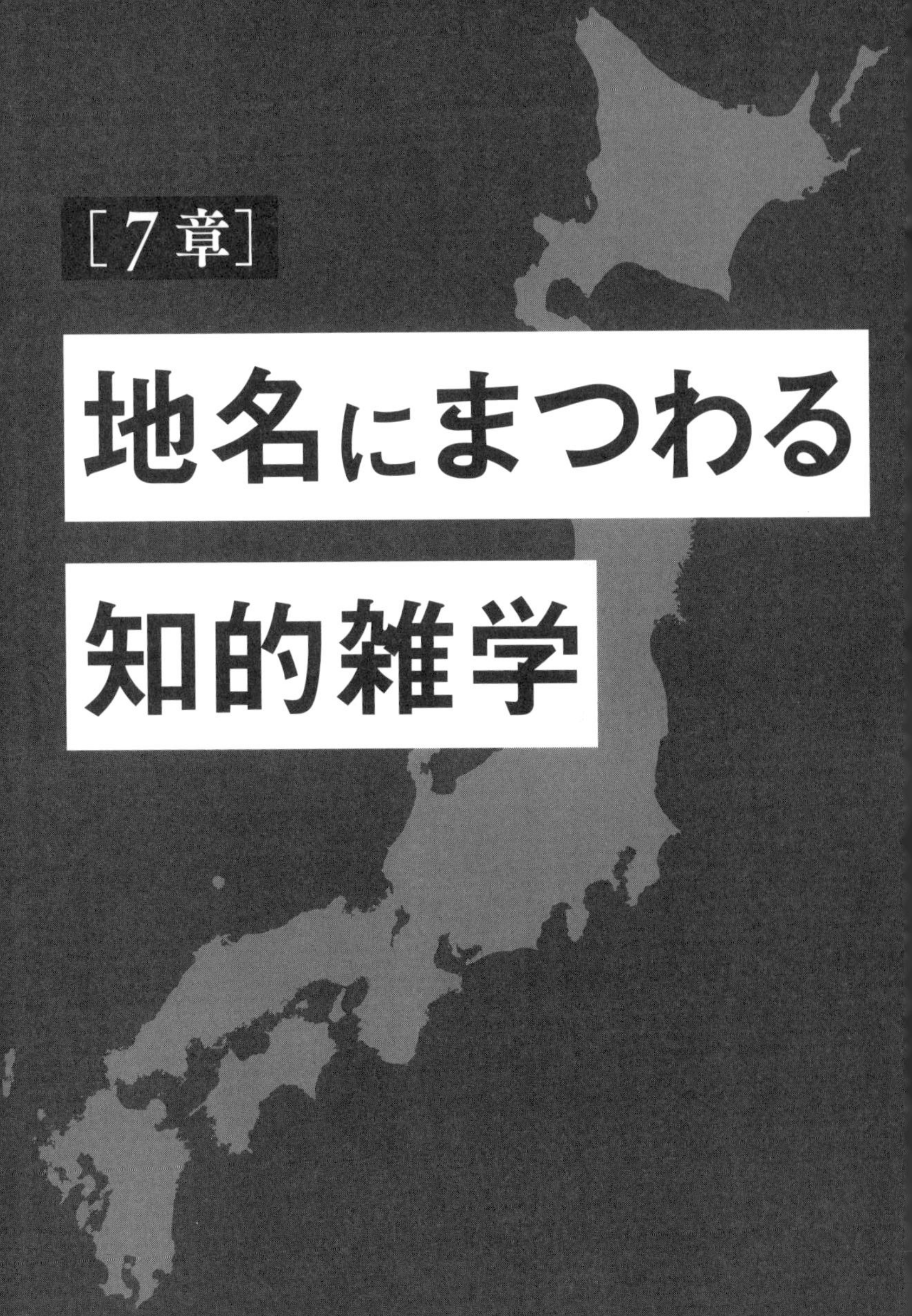

【全国】

「日本」という国名はいつ、どうして決められたのか？

7世紀後半のことだ。この国は中国にならい、統治の基本となる「律令（法律）」の整備を進め、まとまりのある中央集権国家として歩きはじめた。**689年（持統天皇3年）には「飛鳥浄御原令《あすかきよみはらりょう》」を施行。**日本初の体系的な法律集といわれるが、その中で国名を「日本」と定め、公式に使い始めたと考えられている。

この国号制定は、中国に対する宣言でもあった。当時、東アジアで圧倒的な力を持っていた中国は周辺国を属国とみなしていた。四方の国々を「東夷《とうい》」「北狄《ほくてき》」「西戎《せいじゅう》」「南蛮《なんばん》」と呼び、野蛮な異民族の住まう土地と考えていた。**中国は同じように蔑視を込めて、古代の日本を「倭《わ》」と呼んでいたとされる。**

しかし日本は、律令と国号を定めたことを機に、対等な独立国として中国と渡り合っていくという姿勢を示したのだ。そのために中国が名づけた「倭」ではなく、**自ら「日本」と名乗った。**

この名前は両国の位置関係による。中国から見て日本は東にあり、太陽つまり日が昇る方角に位置している。日の本《もと》にある国、日出ずる国なのだ。

７０２年（大宝２年）に中国を訪問した遣唐使は、「倭」ではなく「日本」から来た代表団であることを中国側に伝えている。これは中国に対するひとつの宣言でもあり、国際社会で初めて「日本」が認知された瞬間だろう。

　こうして「日本」という名前の国になったが、これは中国語だと「リーベン」「ジーベン」、また方言では「ズーベン」などと読む。これを聞いたのはマルコ・ポーロに代表されるヨーロッパの探検家たちだ。13～14世紀のことといわれる。彼らが中国人の発音を真似て、日本のことを「ジパング」と呼び、さらに「ジャパン」へと変化して、やがて英語名の「ＪＡＰＡＮ」となったのではないかと言われるが、これには諸説ある。

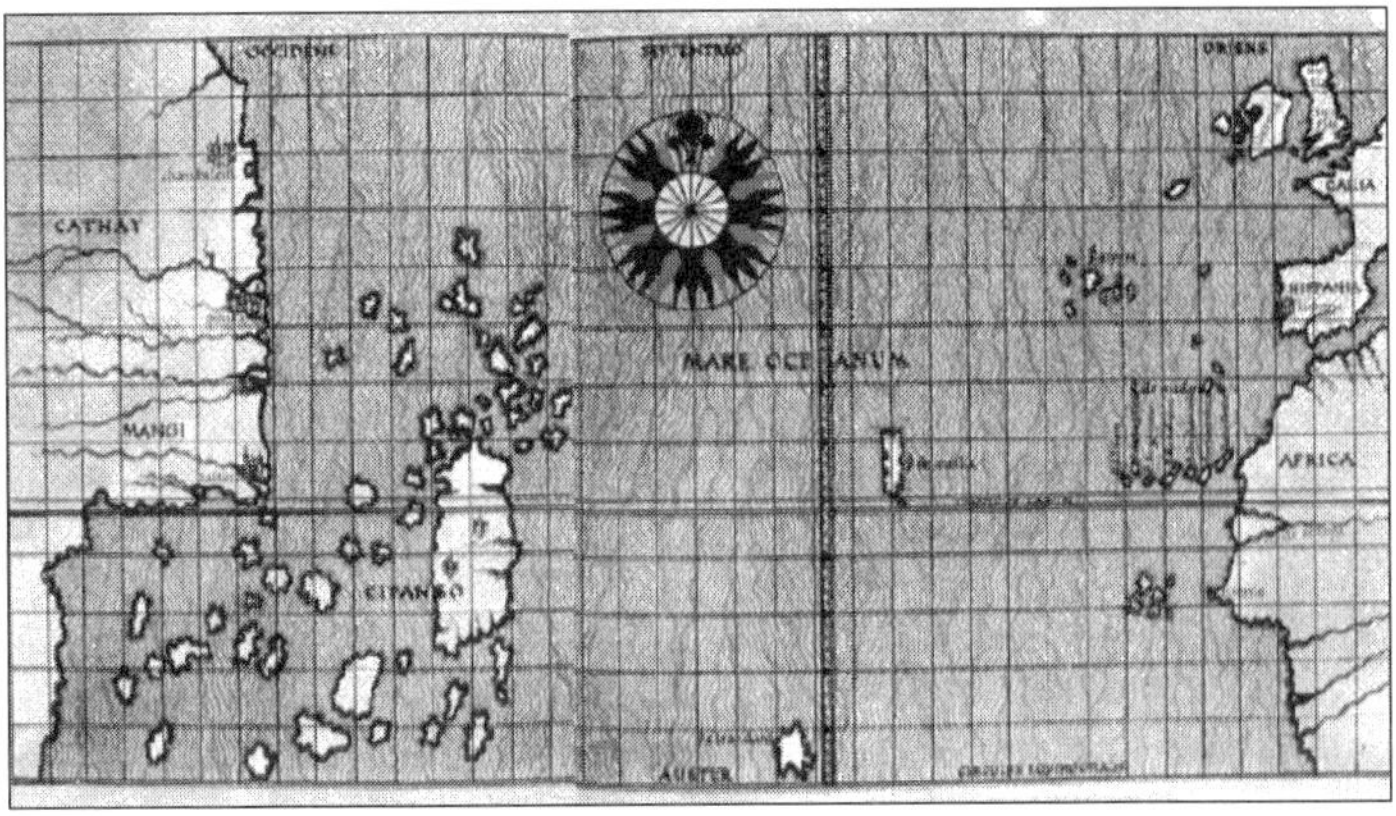

1460年代、イタリアの天文学者・地理学者であったパオロ・トスカネッリによって作られた「大西洋側」の地図。この地図によると、右上にあるヨーロッパ大陸から、まっすぐ左側にある「CIPANGO」（日本）に行けてしまう。かのコロンブスはこの地図を用いて航海を行ったため、アメリカ大陸をアジアだと勘違いしてしまったようだ

130

【奈良】

日本で最も古い地名はどこ？

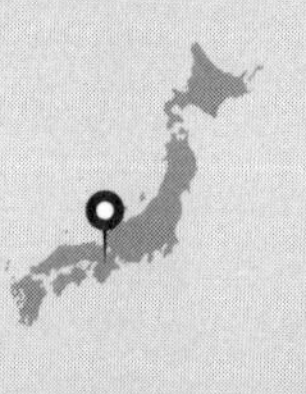

日本国内にはさまざまな歴史的史料があるが、そこに記された中で**最も古い地名が、奈良県桜井市の忍阪《おっさか》だと考えられている。**

そのことを示しているのが、和歌山県橋本市の隅田《すだ》八幡神社に伝わる**「人物画像鏡」**という銅鏡だ。この鏡には48の漢字が記されているが、解読すると、

「癸未《みずのとひつじ》の年の8月に、男弟王が**意柴沙加《おしさか》**の宮にいるとき、長寿を祈ってこの鏡をつくった」

となるそうだ。「男弟王」とは允恭《いんぎょう》天皇か継体天皇といわれるが、その人物に捧げられた鏡なのだろう。「癸未の年」は干支のひとつで、443年説と503年説がある。どちらにせよ、これは日本最古の文字資料のひとつであり、そこに記された「意柴沙加」こそ、日本の歴史に登場する初の地名ということになる。

和歌山県・隅田八幡神社（©Saigen Jiro）

「意柴沙加」はその後に編纂された『日本書紀』や『古事記』では「於佐箇」「意佐加」と記されているが、現代の奈良県桜井市の忍阪《おっさか》に当たるという説が有力だ。**いまでは田畑や小さな集落が広がる界隈だが、舒明《じょめい》天皇陵などの古墳が点在する地域でもある。**

「おしさか」に「忍阪」の漢字が当てられるようになったことにも諸説あるが、もともとは「大きく長い坂」を意味する地名だったともいわれる。確かにこの地域は山裾にあり、坂がちでもある。そこに、かつては「大きい」という意味もあった「忍」が使われて「忍坂」となり、「坂」が「阪」へと変化していく。なお「忍」には「おし」「おす」という読み方もある。こうして「日本最古の地名」は、いまに至っているのだ。

人物画像鏡。下部の囲み部分に「在意柴沙加」の字が読める（『東洋美術（特輯第１册）』東洋美術研究會編　飛鳥園／1930 年）

関東と関西の「関」とはどこなのか？

古代の関所で重要だったのは鈴鹿関《すずかのせき》（三重県）、不破関《ふわのせき》（岐阜県）、愛発関《あらちのせき》（福井県）の「三《さん》関《かん》」だ。**当時の政治の中心だった畿内を、東側の外敵から守るための拠点とされていた。**その時代は、これら三関より東が「関東」だった。「関」とは関所のことなのだ。

だが畿内はあくまで国の中心であったため「関西」という考え方は生まれていない。中央に対しての「三関の東側」を「関東」と呼んだに過ぎなかったのだ。

やがて時代が移ると、この区分も変わっていく。鎌倉時代に幕府の拠点が東に移動したこともあって、防衛の要である関所の位置も動いた。**室町時代には、足柄関《あしがらのせき》（神奈川・静岡県）、箱根関《はこねのせき》（神奈川県）、碓氷関《うすいのせき》（群馬県）の東側が「関東」と呼ばれるようになった。**そして**この頃から、関東に対する地域として「関西」という概念も出てくる。**おもに畿内を指す地名だったが、鈴鹿関以西の西日本全域を表すこともあったようだ。

なお現在は、東京・埼玉・神奈川・千葉・茨城・群馬・栃木が「関東」、京都・大阪・奈良・兵庫・和歌山・滋賀が「関西」と区分されている。

132

【全国】

どうして漢字2文字の地名が多いのか？

日本では7~8世紀にかけて、「律令（法律）」をもとにした国づくりが進んでいった。全国の行政区分も定められ、また713年（和銅6年）には、それら各地方の歴史や文化をまとめた『風土記《ふどき》』の編纂もはじまる。日本全土の一大行政改革のようなものだが、**この際に朝廷は、郡などの名前について、「漢字2文字で、縁起のいいものにせよ」と指示を出した。**このため、それまでは「牟邪志《むさし》国」「无射志《むさし》国」などと表記されていた地域が「武蔵《むさし》国」と改まり、「木《きい》国」は「紀伊《きい》国」に、「粟《あわ》国」は「阿波《あわ》国」へと変わった。これらの旧国名はすべて漢字2文字に統一されているのだ。そのため「泉《いずみ》」も、一文字を足して、読み方は同じだが「和泉《いずみ》国」となった。

この名残りで、現在でも日本には漢字2文字の地名が多い。たとえば都道府県では、神奈川、和歌山、鹿児島以外のすべてが2文字となっている。

北海道だけ、どうして「道」なのか

「47都道府県」というが、このうち「道」はただひとつ、北海道だけだ。これは明治維新後の1869年（明治2年）に決められたものだ。

北海道は長年、中央政府の支配を受けない「蝦夷《えみし》」が暮らす「蝦夷《えぞ》地」と呼ばれ、未開の地とみなされてきた。その蝦夷の一部が、アイヌ民族であると考えられている。

蝦夷地は古代から、中央によって討伐・征服の対象とされ数多くの戦いが繰り返されてきた（→P88、89）。一方で奈良時代以降は和人（日本人）との交易も行われ、少しずつ同化が進んでいった。

そんな蝦夷には江戸時代に入ると松前《まつまえ》藩が置かれ「日本」の一部へと取り込まれていったが、明治維新を経て名称が「北海道」へと改められた。

この「道」は古代律令制の行政区分「五畿七道《ごきしちどう》」から取ったもの。本州以西を、都周辺の大和《やまと》、山城《やましろ》、摂津《せっつ》、河内《かわち》、和泉の5つの国と、東海道、東山《とうさん》道、北陸道、山陽道、山陰道、南海道、西海道《さいかいどう》の7つの道にわけた制度だ。「道」とは「国」よりもはるかに大きな地域を指す行政区画で、中国に起源を持つ。

その「五畿七道」から、蝦夷地を「北《ほっ》加《か》伊《い》道《どう》」と名づけようと提案したのは、**探検家・松浦《まつうら》武《たけ》四郎《しろう》**だった。１８１８年（文化15年）に生まれた武四郎は、地誌学者としても日本各地を広く見分。とりわけ蝦夷地に愛着を持って調査旅行を重ねた。そしてアイヌ文化にも深く触れていく中で、アイヌたちが自らを「カイ」と称していることを知る。**だからどうしても、新しい地名には「カイ」の響きを入れたかったのだ、とも言われる。**

議論を経て「北加伊道」ではなく「北海道」と決められたが、武四郎のアイヌに対する思いは実ったといえるだろう。

ちなみにその後、北海道内にも3つの県（函館県、札幌県、根室県）が置かれたが、これは行政手続きの効率の悪さや財政の問題もあり、4年ほどで廃止になっている。

3つの県に分かれていた頃の北海道

松浦武四郎

【中国】

中国とは関係ないのに なぜ「中国地方」なのか

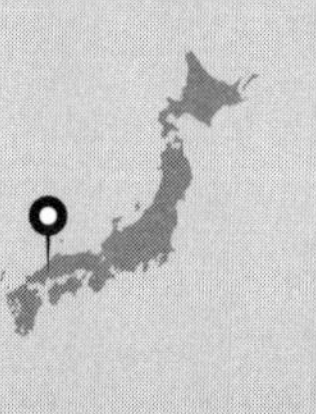

岡山県、広島県、鳥取県、島根県、山口県を指して「中国地方」というが、これは大陸中国とはまったく関係がない。それに日本の中央部にあるわけでもないのに、中国という名で呼ばれている。

その理由は古代の行政区分による。7～8世紀、律令（法律）による国の統治が進められる中で、日本全国は「五畿七道」に分類された。政治の中心である畿内5国と、東海道、東山道、北陸道、山陽道、山陰道、南海道、西海道の7道だ。

そして**これら7道はまた、畿内からの距離によって「近国《きんごく》」「中国《ちゅうごく》」「遠国《えんごく》」とも分けられた。**たとえば西海道（九州）の国々はすべて「遠国」。南海道の紀伊国（現在の和歌山県や三重県）、淡路国《あわじのくに》（現在の兵庫県淡路島）は「近国」だ。

そして東山道の信濃国《しなののくに》（現在の長野県）、東海道の駿河国《するがのくに》（現在の静岡県）、北陸道の能登《のと》国《くに》（現在の石川県）など16の国が「中国」と分類されている。その区分の一部が、現在まで残っているのだ。

山陰道では伯耆国《ほうきのくに》と出雲国《いずものくに》が、山陽道では備中国《びっちゅうのくに》と備後国《びんごのくに》が、それぞれ「中国」に位置したが、これに「遠国」の周防国《すおうのくに》、長門国《ながとのくに》を加えて、「中国地方」となり、いまに至っている。

現在の日本では北海道・東北・関東・中部・近畿・中国・四国・九州の「八地方区分」が使われているが、このうち中国地方だけが、五畿七道の時代の考えを引き継いでいるのだ。

もうひとつの説もある。政治の中心である京都と、さまざまな文明が入ってくる大陸との玄関口にして外交拠点の九州・大宰府、この2か所を重視する考えだ。その間にある、中間に位置する国々を、まとめて「中国地方」と呼んだのでは……ともいわれる。

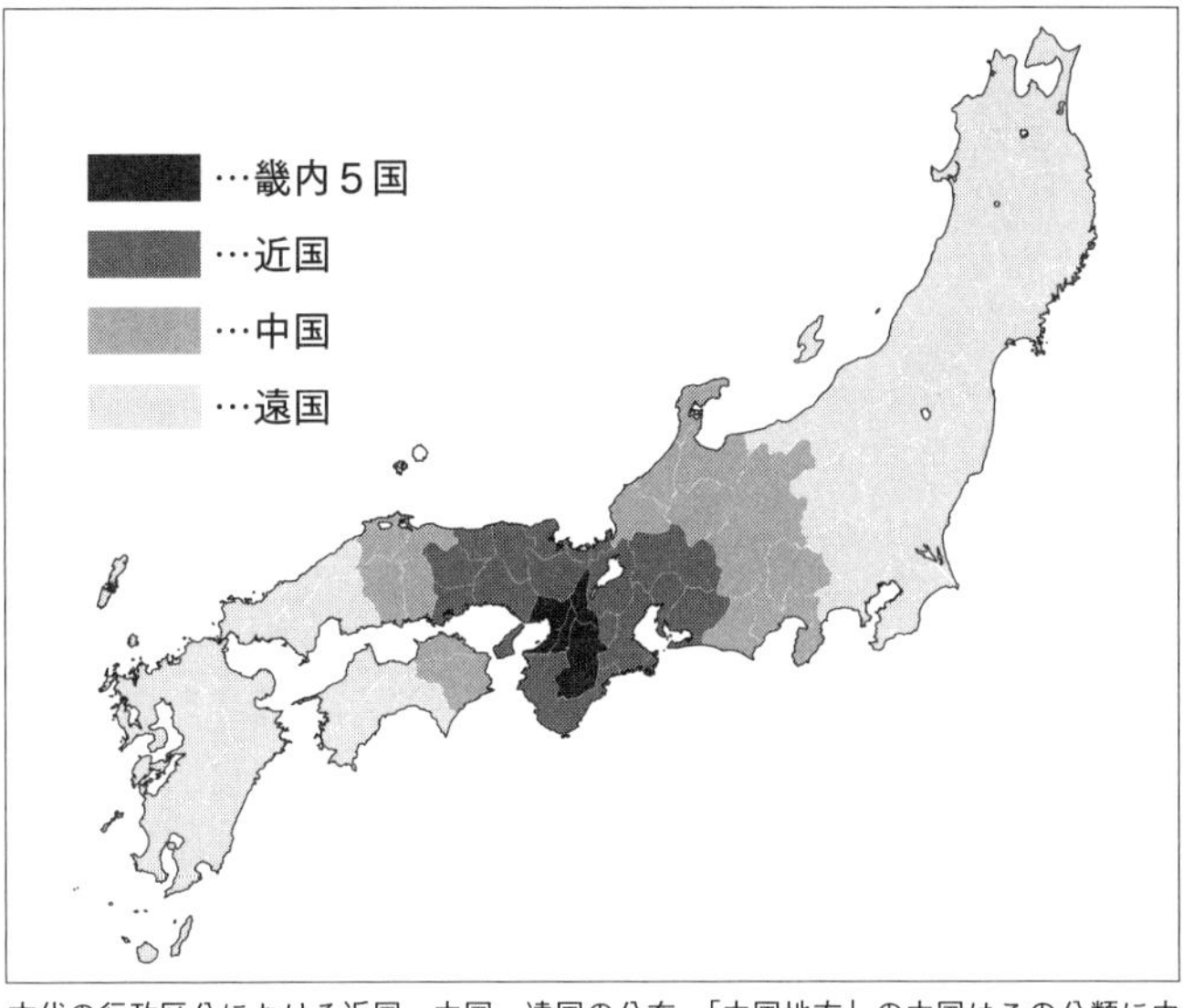

古代の行政区分における近国・中国・遠国の分布。「中国地方」の中国はこの分類に由来すると考えられる

135

【東京】

伊豆七島には島が9つある？

伊豆半島の沖合、太平洋にはいくつもの島々が連なっている。北から、大島、利島《としま》、新島《にいじま》、式根島《しきねじま》、神津島《こうづしま》、三宅島《みやけじま》、御蔵島《みくらしま》、八丈島《はちじょうじま》、青ヶ島《あおがしま》と有人島が並んでおり、ほかに小さな岩礁や無人島も含めて「伊豆諸島」と呼称される。また、有人島の数から「伊豆七島」とも呼ばれるが、**よく数えてみると人が住んでいる島は9つあるのだ。**それなのにどうして「伊豆七島」なのだろう。

その理由はまず、**かつては新島と式根島が「セット」だった**ことにある。近い距離で隣接しているふたつの島だが、江戸時代まで式根島に人は住んでおらず、新島の人々が漁場や年貢の塩を精製する場所、野草の採取、あるいは悪天候のときの仮泊港などとして活用していた。

そんな式根島への入植、定住が始まったのは

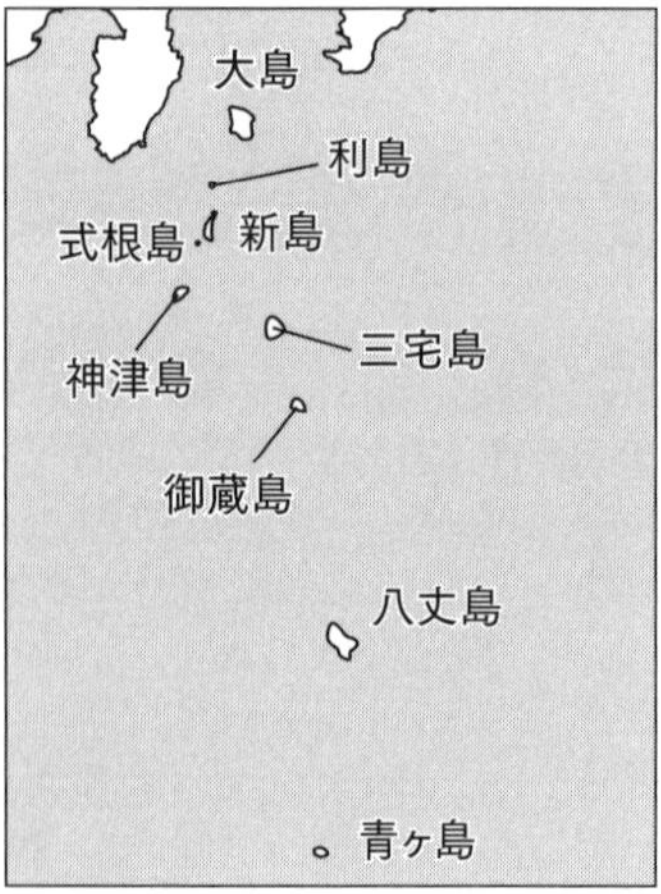

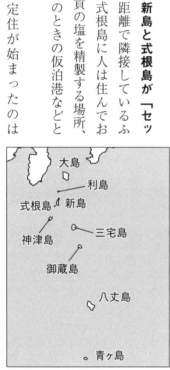

伊豆七島

１８８７年（明治20年）のこと。それ以降もずっと新島と密接に関わってきたため、いまも式根島の住所は「新島村」となっている。ふたつの島でひとつの行政区分と見なされてきたのだ。

ちなみに新島と式根島はその昔ひとつの島で、１７０３年（元禄16年）の大地震のときに地殻変動が起き、分断された……という言い伝えもあるが、これは単なる俗説らしい。

そして**諸島の最南端に浮かぶ青ヶ島は、あまりに遠すぎて伊豆七島に数えなかったといわれる。**

なお伊豆七島という呼称は明治時代になってから出てきたものだが、管轄は転々と変わった。１８７６年（明治９年）は静岡県に編入されたが、１８７８年（明治11年）には当時の東京府の管轄となり、現在に至っている。だからどの島も住所は東京都で、走っている車は品川ナンバーなのだ。

新島と式根島（右下、雲に一部隠れた島）

式根島の玄関口

7県しかないのに、どうして「九州」なのか

福岡、佐賀、大分、長崎、宮崎、熊本、鹿児島。7県しかないのに「九州」なのだが、その昔は確かに9つの国があったのだ。律令制度によって国土の区分や統治が進んだ7〜8世紀、九州は「西海道」と呼ばれたが、**ここには筑前国《ちくぜんのくに》、筑後国《ちくごのくに》、肥前国《ひぜんのくに》、肥後国《ひごのくに》、豊前国《ぶぜんのくに》、豊後国《ぶんごのくに》、日向国《ひゅうがのくに》、大隅国《おおすみのくに》、薩摩国《さつまのくに》の9国があり**、まとめて「九州」と呼ばれるようになった。

明治に入って廃藩置県が行われると、7つの県に整理統合されたが、「九州」という呼び名だけはいまもそのまま使われている。なお「九州地方」という場合は、沖縄県も含める。

ちなみに四国は、律令時代から変わらず、阿波国（徳島県）、讃岐国《さぬきのくに》（香川県）、伊予国《いよのくに》（愛媛県）、土佐国《とさのくに》（高知県）の4つの国がある。『古事記』には、「この島の身体はひとつだが、顔は4つあった」と表現されており、古代から個性ある4つの地域が同居していたことがうかがえる。

廃藩置県が行われる前の九州地方

137

【全国】

日本でいちばん多い地名は？

国土地理院のデータに基づく「数値地図２５０００」によると、**日本で最も多い地名は「中村」で、６９８か所あるという。**もちろん、村の中心部という意味だ。日本全国各地の村で、集会所があったり村長の家があるような場所を「中村」と呼んだのだろう。これは苗字にも用いられるようになり、日本でもとくに広く知られた土地・人の名称となっていった。

次に多いのは**「新田」**の６７０か所。新しく開拓した農地や、その周囲の集落を指した。こうして日本人は少しずつ、田畑と居住地を広げていったのだ。

３位は**「原」**で、５６９か所になる。まだ未開発で手がつけられていない、野っぱらのことだ。いまでこそそんな土地も減ったが、その昔は原野も多かったのだろう。

野原に囲まれた村で肩を寄せ合って暮らし、ゆとりができたら新しい土地を切り拓きに行く……大昔の日本人の、そんな生活が見えるようだ。

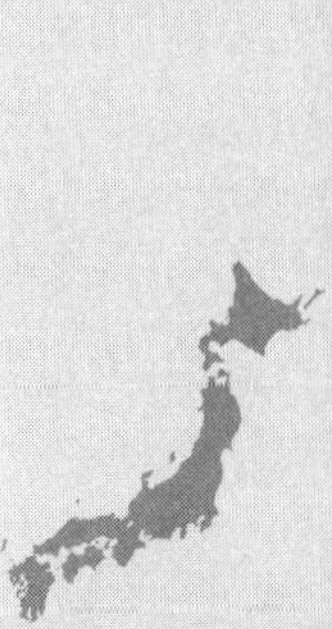

138

【千葉】

九《く》十《じゅう》九《く》里《り》浜《はま》は本当に99里あるのか？

千葉県東部の九十九里浜は、日本でも有数の長大な砂浜だ。南はいすみ市の太東埼《たいとうさき》から、北は旭市の刑部岬《ぎょうぶみさき》まで、およそ65キロに渡って砂浜が続く。これは**昔の距離の単位である「里」に換算すると99になるから、「九十九里浜」と名づけられた**のだ、と伝えられる。

しかし「里《り》」という距離の単位は、およそ3・9キロメートルに相当する。65キロメートルは16・6里になり、とうてい九十九里には及ばないのだ。

だが、この「里」は時代によって長さが異なる。

というのも、「里」はさらに「町《ちょう》」という距離の単位に分けられるのだが、1里あたりの町の割合が、たびたび変わってきたのだ。

1町は約109メートルにあたるが、「1里＝36町＝3・9キロ」と決められたのは明治時代になっ

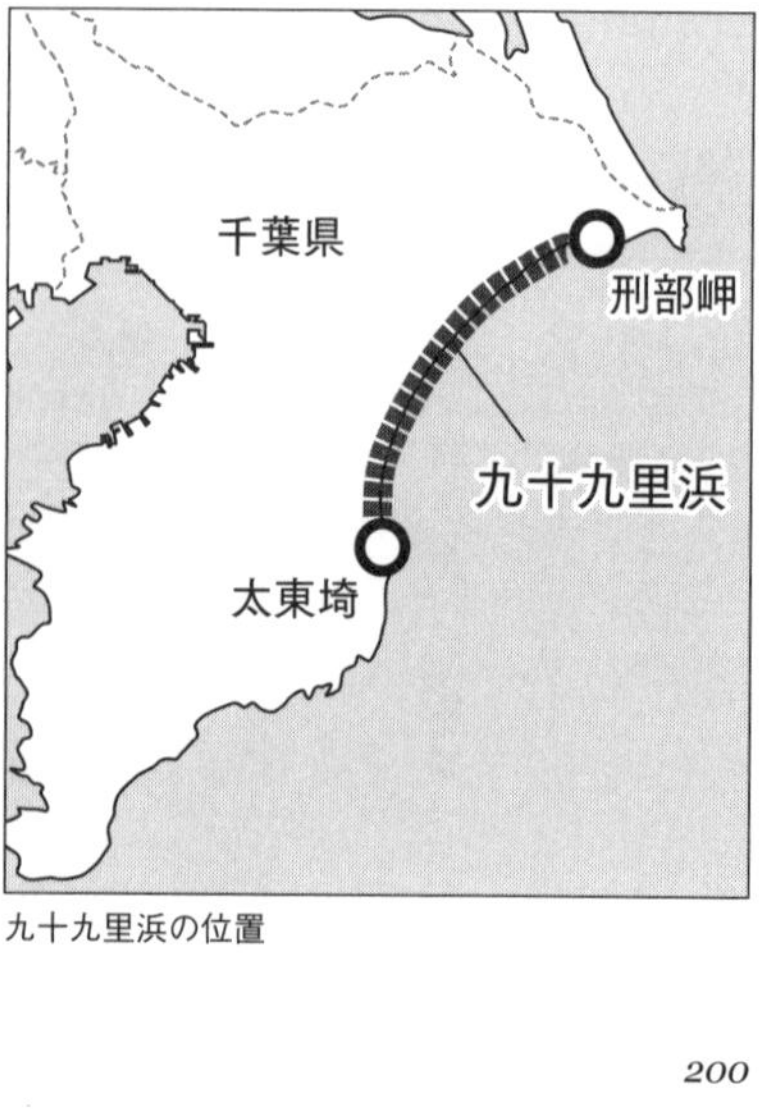

九十九里浜の位置

てから。**江戸時代やそれ以前は、「1里＝6町＝654メートル」だった。**これが99あるのだから、掛け算をしてみれば64・7キロメートル。現在の九十九里浜の長さと、ほとんど一致するのである。

この地名を名づけたのは、鎌倉幕府を開いた将軍・源頼朝だという伝説もある。彼は家臣に命じて海岸線の長さを測定させたそうだ。**南端の太東埼から6町ごと、つまり当時の1里ごとに、砂浜に矢を立てていったという。**そして北端の刑部岬に到達したとき、矢の数を数えてみれば、これが99本になっていた。ここから「九十九里浜」という名前になったといわれる。旭市にはいまも「矢指ヶ浦《やさしがうら》」という地名もあり、海水浴場でも有名だが、これは頼朝の故事がもとになっているとも語られている。

一方で「99」という数は、正確な距離を表したものというよりも「とても長い」ことを指した表現ではないかとする説もある。

浮世絵に描かれる矢指ヶ浦（『六十余州名所図会 上総 矢さしが浦 通名九十九里』歌川広重）

139

【千葉】

北が「下越」で、南が「上総」？

新潟県は上越、中越、下越と、佐渡ヶ島の4つの地方に区分される。この位置を地図で見てみると、北に下越、中ほどに中越、そして南に上越と並んでいるのだ。ふつう、北に上越があるのではないだろうか。南北上下が逆のようにも思うが、これは現代の考え方。江戸時代以前は違った。

政治の中心である京都により近いほうが「上」とされたのだ。だから新潟が越後国と呼ばれていた時代は、京都からの距離に従って、南部が上越後、中部が中越後、北部が下越後と分けられた。そして「後」が略され、現代に至っているというわけだ。

ところが、だ。

千葉県を見るとまた疑問が湧いてくる。こちらは旧国名が「総国《ふさのくに》」で、これが7~8世紀に律令制が整えられる中で、北から下総国《しもうさのくに》、上総国《かずさのくに》、安《あ》房国《わのくに》と分割された。その区分がいま

上越・中越・下越の位置関係

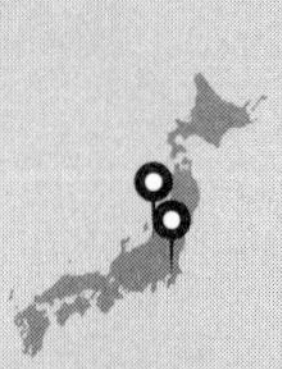

でも地名や駅名に使われているが、やはり北が下総で南が上総なのである。

だからこれも京都との位置関係かと思うのだが、**房総半島の南部に広がる上総地方から、京都は明らかに遠い。下総から江戸を通って東海道を西進したほうがはるかに早く京都に着く。**そもそも南の上総から京都を目指すなら、北の下総を通らなくてはならない。

だが、これもまた現代の感覚なのだ。**陸路交通が整備されていなかった時代、最も早い移動手段は船だった。**京都と総国の間も、太平洋を船で渡ったほうが近かったのだ。だから海に突き出した南側が「上」になったと考えられている。

かの日本武尊《やまとたけるのみこと》も、東征の際に「南部ルート」を通っている。相模国《さがみのくに》（現在の神奈川県）の三浦半島から、東京湾を船で渡って上総にたどり着いたと『日本書紀』には記されている（↓Ｐ１１５）。かつては南が「千葉の玄関口」だったのだ。

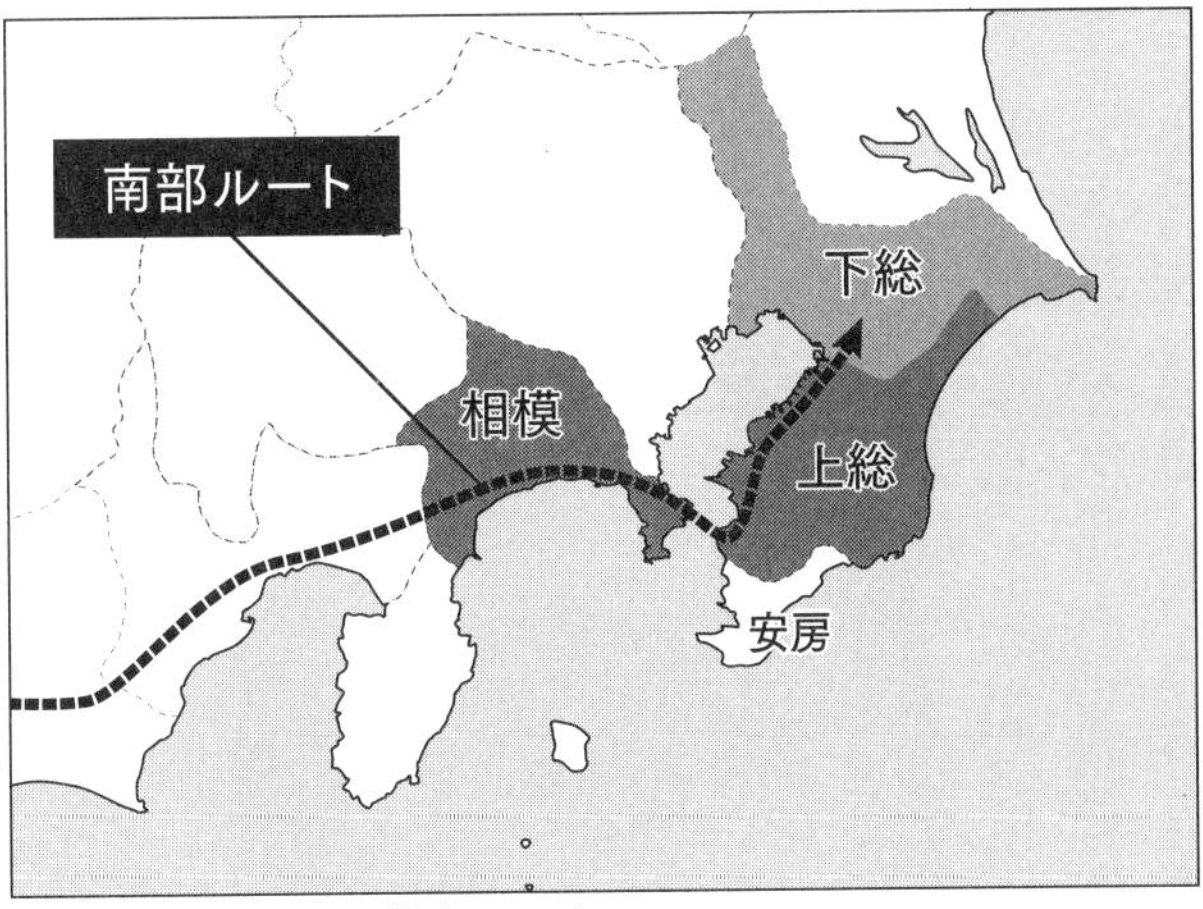

上総・下総の位置関係と「南部ルート」

【全国】

どうして日本各地に「〇〇銀座」があるのか

日本全国にある「〇〇銀座」「銀座本町」「〇〇銀座商店街」といった地名。一説によればその数は５００にも上るというが、元祖はもちろん、東京都中央区の銀座……ともいえないのだ。

もともと銀座とは、銀貨の鋳造を行う場所のこと。１６０１年（慶長６年）、徳川家康の命によって整備が進められたが、**まず設置されたのは山城国伏見《やましろのくにふしみ》（現在の京都）**だった。「伏見銀座」と呼ばれ、堺の両替商が取り仕切っていたという。

その後１６０６年（慶長11年）には、**駿府《すんぷ》（現在の静岡県）**に、１６０８年（慶長13年）には**大坂（現在の大阪）**に、それぞれ銀座が置かれ、地域経済の中心的存在となっていった。

江戸・京橋、つまり現在の銀座二丁目あたりに銀座ができたのは１６１２年（慶長17年）のことだ。**駿府銀座が移転してきたものだった。**銀座役所が置かれ、近辺は「新両替町」とも呼ばれ、賑わったという。

ちなみに江戸時代には、金貨を鋳造する「金座《きんざ》」が日本橋に、金貨や銀貨より一般的で広く流通していた銭貨《せんか》を鋳造する「銭座《ぜにざ》」が芝、浅草、深川などの各地にあった。

やがて銀の産出量の減少や、貨幣制度の刷新などから、銀座から鋳造所は移転したものの、地名としては残った。そして明治時代以降は東京を代表する繁華街として栄えるが、**昭和に入るとこれにあやかろうという動きが広がり、日本各地に銀座地名が増えていった。**台湾やパラオなど占領下の地域にも「○○銀座」が出現したという。

とりわけ戦後の復興と再開発の中で、我が町にも、と中心部を「○○銀座」と命名したことが多かったようだ。

静岡県葵区にある「駿府銀座発祥の地」の碑（©Halowand）

全国各地の「日付地名」はなにを表しているのか

一日市《ひといち》（秋田県、岩手県など）、五日市《いつかいち》（東京都、広島県など）、八日市《ようかいち》（滋賀県、石川県など）、十日町《とおかまち》（新潟県）……日付の入った地名が、日本全国に点在している。**これはかつて、毎月その日に市場が開催されていたことを表しているのだ。**

『日本書紀』や『風土記』にも、各地に市《いち》が立っている様子が描かれ、さまざまな人々で賑わっていたと考えられているが、8世紀以降は律令制によって統制が進められていく。出店できる場所や税率が定められたり、官営の市場が設置されていったのだが、**その一環として、決まった日に市を開く場所もつくられた。**

例えば「七日市」なら、毎月7日、17日、27日に市が開かれる。その日になれば店が軒を連ねて、雑多な人々で活気あふれるというわけだ。これがやがて定着し、地名となって現在まで残っている。**地域の商業の中心地だったことを示している。**

とりわけ代表的な場所が、**三重県の四日市市《よっかいちし》**だろう。京と東国を結ぶ交通の要衝で、伊勢湾に面した海運の中心でもあり、古代から栄えてきた場所だ。

ここに大きな市場を建てたのが、武将の赤堀忠秀《あかほりただひで》だといわれる。１４７０（文明２）年のことだ。やがて毎月４のつく日に市場が開かれる「四日市」となり、地名にもなった。江戸時代以降はその市場を軸に商工業が発展、現在は東海地方有数の都市に成長した。

なお、いまでも四日市市には10の市場があり、それぞれ違った日に開かれている。最も規模の大きな三滝川慈善橋市場は毎月２、７、５、０のつく日の朝に開催され、たくさんの市民や観光客が訪れる。

「一日市」がある都道府県一覧。日付地名は全国各地に見られるが、なかでも岩手・山形・新潟・岡山・広島は一日〜十日までまんべんなく存在するようだ

【全国】

住所の大字《おおあざ》・小字《こあざ》は税金徴収の基礎

地域によって住所の中に入る「字《あざ》」は、町や村の下に位置する区画単位だ。大字の中に、さらに小字が入る場所もある。

もともとは年貢の額を定めるために田畑を区切っていた単位のようなものだったと考えられており、平安時代には存在したようだ。しかしはっきりとした起源はわかっていない。

「字」が一般化するのは１５８２年（天正10年）からだ。豊臣秀吉が行った日本全国の田畑の測量と収穫高の一斉調査、すなわち**「太《たい》閤《こう》検《けん》地《ち》」**がきっかけだった。**その結果は字ごとに集計して取りまとめられ、年貢つまり税金徴収の基本単位となっていった。**これがもとになり、住所の一部分として定着したのだ。

しかし現在では省略が進み、住所に「字」を入れないことも多い。そんな時代の流れを受けて、「字」を廃止にする自治体も増えてきている。

江戸時代の検地の様子（『徳川幕府県治要略』）

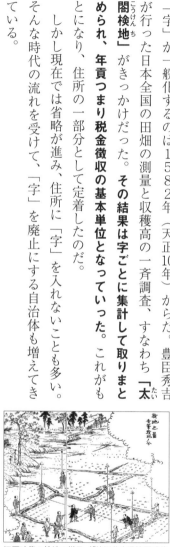

143

【全国】

日本にある地名は1000万件!?

原始的な生活をしていた人類は、住んでいた集落の周辺の地形を言い表し、互いに使い始めるようになる。山のふもとを意味する「山本」、川の上流は「川上」、草地の広がる「大原」……こうして日本人の祖先は、自分たちや仲間が暮らす場所に名前をつけて、呼び合うようになった。地名の誕生だ。

これら「自然地名」に囲まれていた人類だが、やがて生活はだんだん複雑化し、社会的になっていく。**自然ではなく、人の営みに由来する地名も増えていく。**水田にちなんだ「田中」や「山田」、神社のそばの「宮前」、井戸に関わる「中井」……こんな「文化地名」が次々と生まれ、文明の進歩とともに急速に増えていった。

現在、日本には1000万件もの地名があるといわれる。**2000万件とも、細かなものも含めれば1億件にのぼるという研究もあるそうだ。**それは日本人が、この列島のすみずみまで住みつき、それぞれの土地で文化を紡いできた証でもあるのだ。

【全国】

ひらがな・カタカナ地名が増えたきっかけとは

1999年（平成11年）から2005年（平成17年）にかけて、**全国の市町村で合併の動きが進んだ**。その理由は、よく「行財政基盤の拡充」と説明される。合併によってより広域な自治体にすることで、財政を効率化して支出を減らし、また行政に関わる施設や人員の維持管理も行いやすくなると考えられたのだ。

この背景にあったのは、少子高齢化だ。過疎の進む町村が集まって大きな自治体を形成し、人口の減少に伴う税収の落ち込みや、行政サービスの劣化といった問題に対応していこうというものだった。

こうして政府の音頭のもとで合併が進んでいく。1999年（平成11年）に3229（市671、町1990、村568）あった自治体は、計画が終了した2010年（平成22年）には1727（市786、町757、村184）まで減り、一定の成果を上げた。

この合併の過程で急激に増えたのが「ひらがな・カタカナ地名」だ。そのひとつが埼玉県の県庁所在地「さいたま市」だ。

浦和市、大宮市、与野市が合併するにあたり、新しい市名を公募したところ、「埼玉市」が1位で7117票、2位は「さいたま市」で3821票だったという。しかし倍近い票差にも関わらず、選ばれたのはさいたま市のほうだった。「ひらがなのほうがやわらかい、親しみやすい」からだというが、民意を反映していないと物議を醸した。

ほかにも「誤読を避けるため」という理由もあれば、「角が立たないように」という自治体も多かったという。どの市町村も自分が住む場所の地名に思い入れはあるわけで、新しい自治体の名前にもそれが反映されてほしいと議論になる。そこで、より広域な地域の名称（例えば埼玉）を持ち出して、しかもひらがなにすれば、なんとなく丸く収まる……そんな空気感もあったようだ。日本らしい解決方法なのかもしれない。

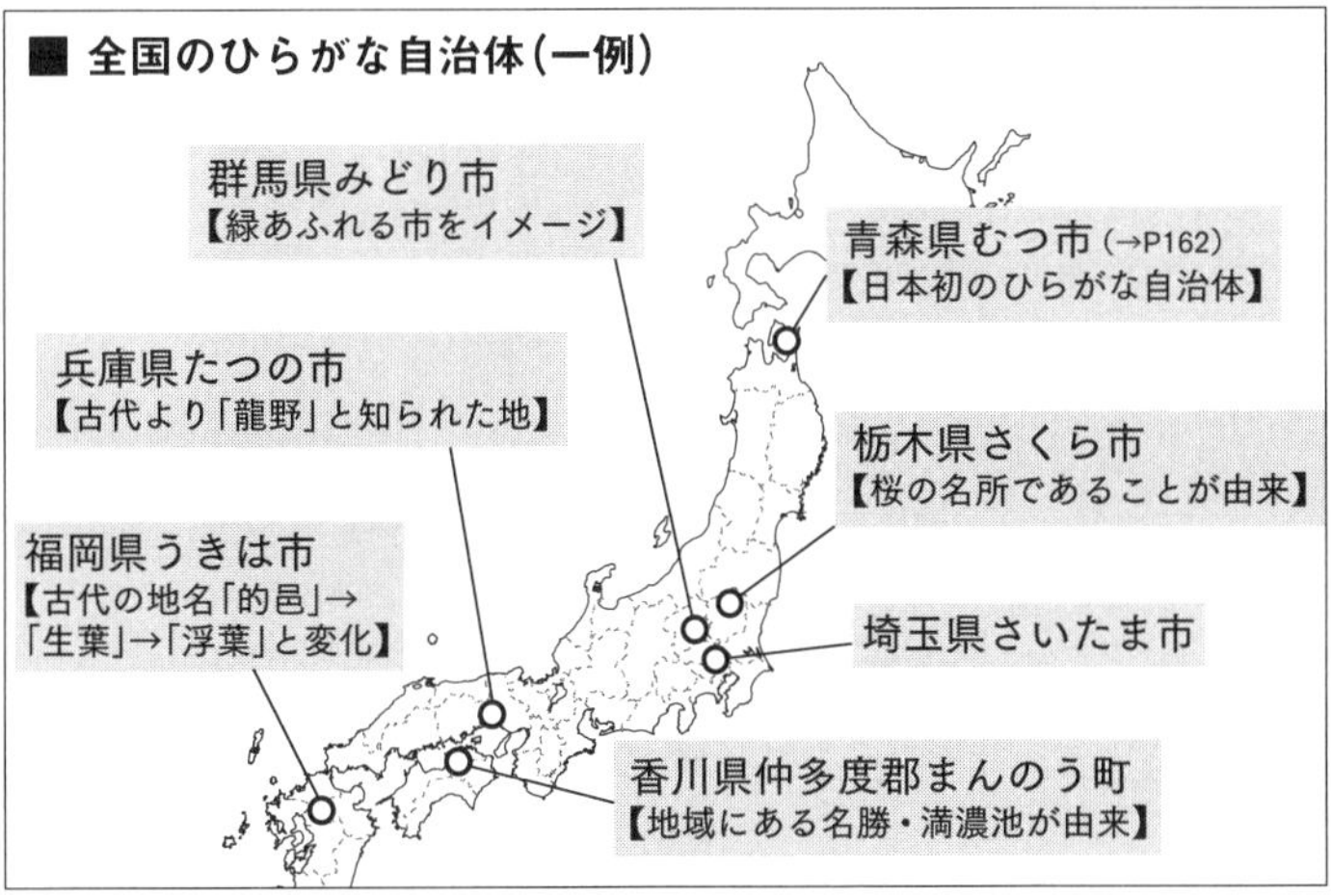

ひらがな自治体の一例。その地の特徴にちなんだものや、古くからある地名をひらがなに置き換えたものなどさまざまだ

【全国】

豊田、ニッカ、ハウステンボス……企業地名の数々

愛知県豊田市トヨタ町1番地。この場所に本社を構えるのが、トヨタ自動車だ。豊田とはもちろん、この世界的な自動車メーカーから取った地名である。

織物の機械化と自動化に成功したトヨタは自動車の開発も進め、1936年（昭和11年）に初の乗用車の発売を開始。1938年（昭和13年）には愛知県の挙母町《ころもちょう》に工場を建設した。

やがて自動車産業が隆盛を極める中で、トヨタも世界的企業へと急成長。挙母市民（1951年から挙母町は市制に移行）の大部分がトヨタ関連の仕事に携わるようになった。

そして**1959年（昭和34年）、挙母市はトヨタ創業者一族の姓である「豊田」の名前から、豊田市へと名称を変更。**いまでは市内に関連工場が860もあり、9万人以上が働く。トヨタを核とした自動車産業の「城下町」として発展している。

こうした「企業地名」が、日本各地にある。宮城県仙台市の青葉区には**「ニッカ」**という地名があるが、これはニッカウヰスキーの工場が建設されたことを記念してつけられたものだ。

東京都府中市は**東芝町**で有名だ。巨大電機メーカー・東芝の工場に由来している。大阪府池田市の**ダイハツ町**には、自動車メーカー・ダイハツ工業が拠点を構えている。ダイハツ町のほぼ全域が、本社と工場で占められている。長崎県の佐世保市には**「ハウステンボス町」**があるが、これはオランダの街並みを再現したテーマパーク・ハウステンボスから。

地域に根差し、雇用や税収に貢献しながら、地名にもなっていく。そんな企業がたくさんあるのだ。

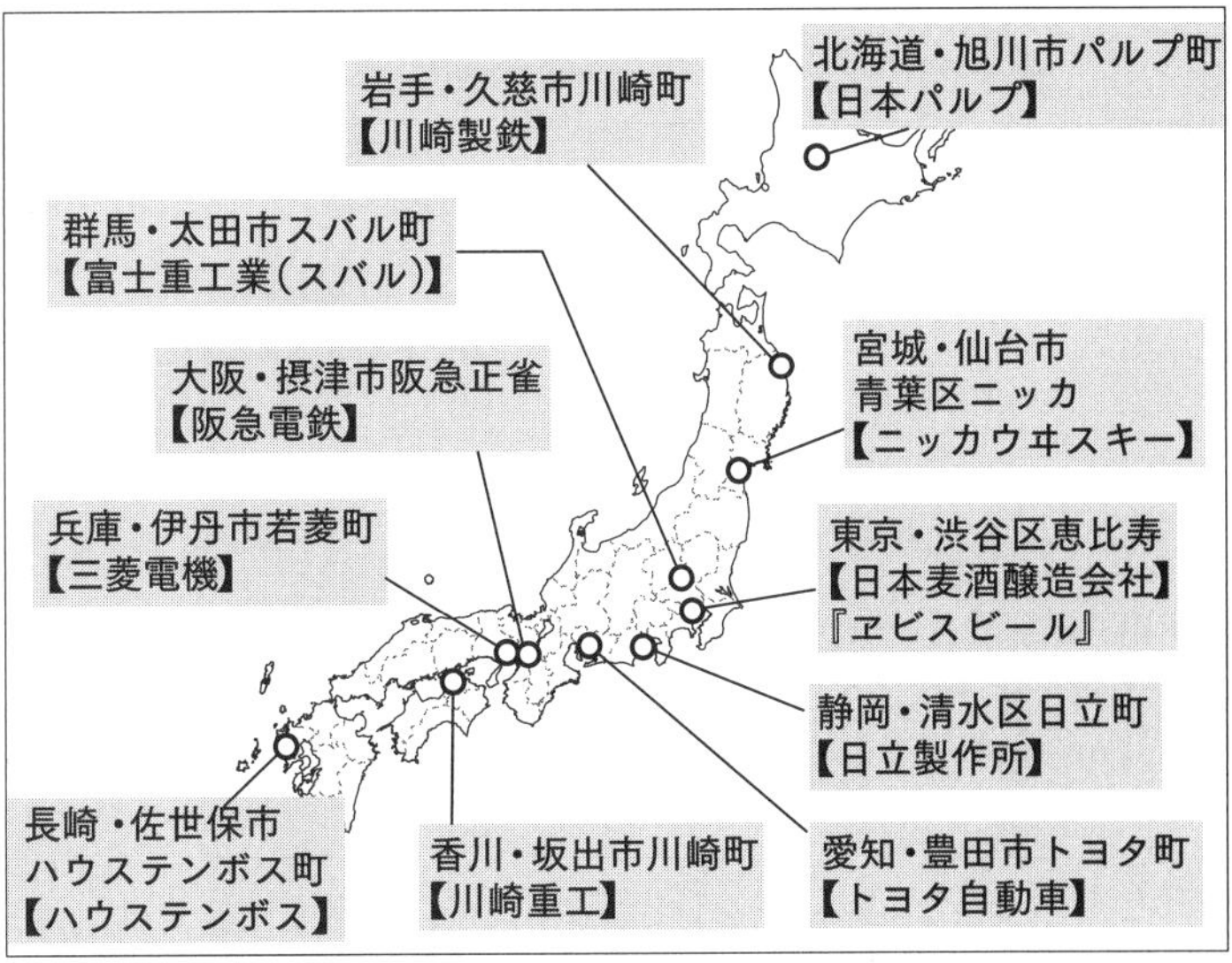

企業由来の主な地名。トヨタや川崎重工、日立製作所など、日本の産業を支えた企業は住民にも好かれ、地名になることが多かった

京都の住所表記の原点は平安京にあり

京都の住所は独特だ。**「上《あが》る・下《さが》る・東入《ひがしい》る・西入《にしい》る」**なんて表記が住所の中に入っていて、ほかの地域の人からすると戸惑ってしまう。例えば京都市役所の住所は「京都市中京区寺町《なかぎょうくてらまち》通《どおり》御池《おいけ》上る上本能寺前町４８８番地」だ。どうしても「上る」が引っかかるが、これは単純に「北」を表している。**「上る・下る・東入る・西入る」は、それぞれ「北・南・東・西」にあたるのだ。**

では、どこを基点にした方角なのかといえば、これは**最寄りの交差点**となる。京都市役所の場合、**「寺町通御池」つまり寺町通りと御池通りの交差点が「基点」となっているのだ。**そこから「上る」ので北に進んでいく。そのあたりに広がっている上本能寺前町の４８８番地に、京都市役所が立っているというわけだ。

「通り」と「交差点」それに「東西南北」が住所の要素となっているのだが、これは京都の街が碁盤の目のように区割りされているから。南北と東西の道路が規則正しく連なり、まさに碁盤に見えるのだが、**この原型は１２００年以上前につくられたものだ。**

794年（延暦13年）、桓武《かんむ》天皇は長岡京から都を移し、平安京を開いた。このとき都市計画の基礎としたものが、条坊制を敷いていた中国の長安だ。南北の通り（坊）と東西の通り（条）を、等間隔で直交させ、左右も対象にし碁盤の目状の街を形成した街だったが、平安京もこれをならったのだ。**そんな平安京が、現在の京都中心部の土台となっている。**

だから等距離に同じような交差点が現れ、観光客は道に迷うこともよくあるのだが、住所の法則を把握しておくと街歩きもしやすい。

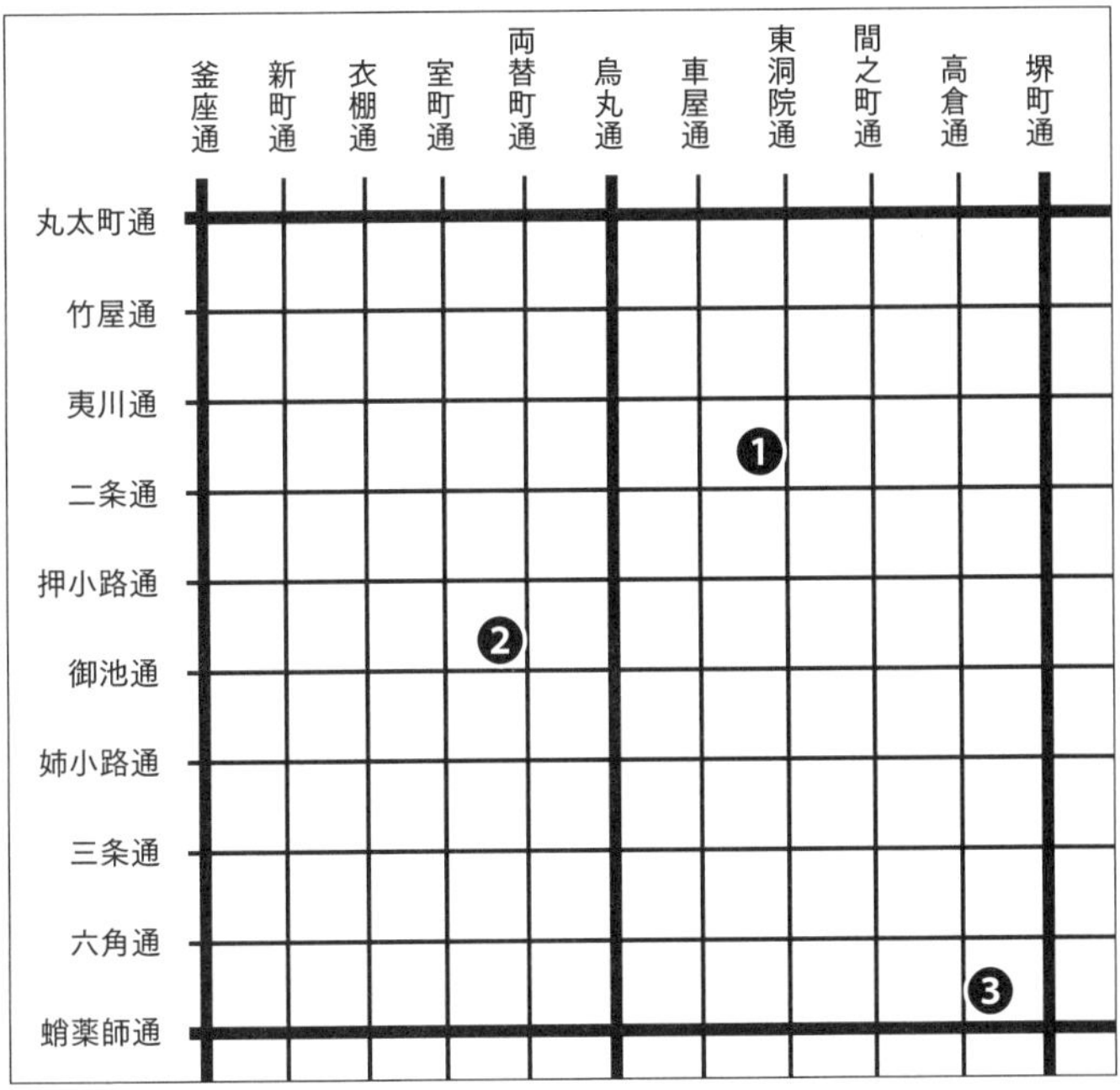

京都御所よりすぐ南側エリアを図式化したもの。たとえば①の住所は「東洞院通二条上る」、②の住所は「御池通両替町西入」、③の住所は「蛸薬師通高倉東入」となる

147

【全国】

「郡」とはどんな存在なのか

住所の中に「郡」が入るという地域の方も多いだろう。たとえば「青森県西津軽郡深浦町《ふかうらまち》」「高知県安芸郡馬路村《うまじむら》」というように、「郡」は町や村の上に位置し、都道府県の下にある行政区分だ。一方「市」も都道府県の下となるが、こちらは原則的に5万人以上が住む人口の密集した自治体ということになる。

しかし同じような行政区分でありながら「郡」はいまひとつ存在感が薄い。市長や町長はいても、郡長はいない。村議会があるのに郡議会はない。市営の施設や市立の学校はたくさんあるが、郡営、郡立というものもない。**単なる地名の一部分でしかないのだ。**

そんな郡が日本に設置されたきっかけは、大化の改新（645年）だといわれる。国政の一大改革が行われたのだが、その一環として行政区分も刷新、日本各地の律令国の下に郡が置かれることになった。郡制が敷かれ、郡を治める郡司が中央から派遣され、**郡衙《ぐんが》**という役所で執務を行ったといわれる。

この郡制は1000年以上も続いた。明治維新のときに一度は廃止となったが、その後にまた地方公共団体となり、町や村を管轄下に置いた。**この頃は郡議会や郡立病院や郡立学校などもあったのだ。**

ところが次第に「郡制は行政手続きを複雑にさせている」という声が高まるようになる。**管轄下の町や村のほうにも、自治体として十分な行政機能が備わってきたこともあり、１９２３年（大正12年）をもって郡制は廃止となった。**

現在の郡は、住所表記のほか、都道府県議会選挙区の区割に使われているくらいだ。平成時代以降は自治体の合併・再編が進んだ影響で、郡は激減しつつある。

大正中期の郡役所と郡会議事堂（岐阜県『揖斐郡制誌』／1923年）

おわりに

弥生か縄文か、あるいはそのはるか前か。

この列島に住み着いた私たちの祖先はきっと、自分たちの住む村のまわりの様子を、シンプルに言い表したと思うのだ。

大きな山のふもとにある村だから「大山」、川の上流にある親戚の集落は「川上」、よく草花が採れる平原を「野原」と呼び、水が湧き出る場所には「泉」とつけて、家族や仲間同士で呼び交わした。地名の誕生だ。まず日本人は、生活する里を取り囲む、山や川や森や海や野から、地名をつけていったと考えられている。

だからいまでも、日本には自然にまつわる地名が非常に多い。それも多彩な自然の姿が映し出されている。多様な地名はそのまま、日本列島の自然の豊かさを表しているのだ。

そして現在では、複雑化した社会を表すかのように、さまざまな地名が生まれている。外来語由来のものもずいぶんと増えた。町おこしのために目立った地名をつける地域もある。自治体の合併が進む中で妥協の産物として名づけられたところもあれば、企業の名を冠した町もある。

そんな歴史を調べながら、本書に登場する１４７もの地名を書いていくのは、なかなかに楽しい作業だった。地名はほんの数文字に過ぎないけれど、立派な「郷土史」でもあると思った。

皆さんの住む場所にも必ず、地名の由来がある。近隣の図書館や役所、ネットなどをあたれば、解明することができるはずだ。故郷や、いつも通っている駅、働いている地域などが、どうしてその名前なのか考えて、訪ね歩いてみてはどうだろうか。きっと町を再発見し、改めて好きになるきっかけになってくれると思うのだ。

【主要参考文献】

『地名の由来を知る事典』 武光誠 東京堂出版
『ふらり珍地名の旅』 今尾恵介 筑摩書房
『日本の地名 60の謎の地名を追って』 筒井功 河出書房新社
『東京の地名がわかる事典』 鈴木理生 日本実業出版社
『知れば知るほど面白い！ 日本地図150の秘密』 日本地理研究会 彩図社
『日本の珍地名』 竹内正浩 文藝春秋
『地名の謎を解く 隠された日本の「古層」』 伊東ひとみ 新潮社
『この地名が危ない 大地震・大津波があなたの町を襲う』 楠原佑介 幻冬舎新書
『日本史が面白くなる「地名」の秘密』 八幡和郎 洋泉社
『地名に刻まれた歴史』 平凡社地方資料センター 平凡社
『名づけの民俗学 地名・人名はどう命名されてきたか』 田中宣一 吉川弘文館
『意外な歴史が秘められた 関西の地名100』 武光誠 PHP研究所
『モノの見方が変わる 大人の地理力』 ワールド・リサーチ・ネット 青春出版社
『地名の魅力』 谷川彰英 白水社
『47都道府県・地名由来百科』 谷川彰英 丸善出版
『日本人として知っておきたい 地名の話』 北嶋廣敏 毎日新聞社
『東京23区の地名の由来』 金子勤 幻冬舎
『地名から歴史を読む方法（イラスト図解版）』 武光誠 河出書房新社
『地名の社会学』 今尾恵介 角川選書

『にっぽん地名紀行』本間信治　新人物往来社
『地名は警告する　日本の災害と地名』谷川健一　冨山房インターナショナル
『図解雑学　日本の地名』吉田茂樹　ナツメ社
『古代―近世「地名」来歴集』日本地名研究所　アーツアンドクラフツ
『あぶない地名　災害地名ハンドブック』小川豊　三一書房
『日本の地名遺産「難読・おもしろ・謎解き」探訪記51』今尾恵介　講談社＋α新書
『地理・地図・地名からよくわかる！ニッポンの謎87』浅井建爾　実業之日本社
『地名の楽しみ』今尾恵介　ちくまプリマー新書
『日本の地名　由来のウソと真相』楠原佑介　河出書房新社
『超雑学　読んだら話したくなる　日本の地名』浅井建爾　日本実業出版社
『なるほど日本地名事典1』蟻川明男　大月書店
『思わず人に話したくなる　日本全国・地名の秘密』北嶋廣敏　宝島社
『地名崩壊』今尾恵介　角川新書
『地名のひみつ』国松俊英・文　熊谷さとし・絵　岩崎書店
『地名のひみつパート2』国松俊英・文　熊谷さとし・絵　岩崎書店
『図解　日本地図と不思議の発見』ロム・インターナショナル　河出書房新社

著者略歴
火田博文（ひだ・ひろふみ）
元週刊誌記者。日本の風習・奇習・オカルトから、アジア諸国の怪談・風俗・妖怪など、あやしいものにはなんでも飛びつくライター＆編集者。東京を歩きながら寺社を巡り酒場をハシゴする日々を送る。
著書に『本当は怖い日本のしきたり』『日本人が知らない神社の秘密』『日本人が知らない神事と神道の秘密』『本当は怖ろしい漢字』『日本のしきたりがよくわかる本』（いずれも彩図社）がある。

地名から読み解く日本列島

2021年3月22日第一刷

著　者　火田博文

発行人　山田有司

発行所　株式会社彩図社
東京都豊島区南大塚3-24-4
MTビル　〒170-0005
TEL：03-5985-8213　FAX：03-5985-8224

印刷所　シナノ印刷株式会社

URL：https://www.saiz.co.jp
Twitter：https://twitter.com/saiz_sha

ISBN978-4-8013-0508-3　C0025